Themenbände Religion

Meine Religion + deine Religion

Religiöse und ethische Grundfragen kontrovers und lebensweltorientiert

Stephan Sigg

Cornelsen

Der Autor

Stephan Sigg schloss 2007 sein Studium der Theologie in Chur (CH) ab. Seither ist er als Autor, Journalist und Religionslehrer tätig. Er veröffentlichte zahlreiche Bücher für Kinder, Jugendliche und Erwachsene.

Projektleitung: Amira Sarkiss, Berlin
Redaktion: Doreen Wilke, Berlin
Umschlagkonzept/-gestaltung: Ungermeyer, Berlin
Umschlagfoto: stock.adobe.com/MariaBobrova
Technische Umsetzung: krauß-verlagsservice, Ederheim/Hürnheim

www.cornelsen.de

1. Auflage, 3. Druck 2023

© 2017 Cornelsen Verlag GmbH, Berlin

Druck: Esser printSolutions GmbH, Bretten

ISBN 978-3-589-15540-8

PEFC-zertifiziert
Dieses Produkt
stammt aus
nachhaltig
bewirtschafteten
Wäldern und
kontrollierten Quellen
PEFC/04-31-2851   www.pefc.de

Inhalt

Vorwort

Was machen Muslime in der Moschee? Und warum setzen sich manche Juden eine Kippa auf? In unserer globalisierten Gesellschaft wird heute jeder fast täglich mit anderen Religionen konfrontiert. Dieses „Fremde" und „Unvertraute" kann Unsicherheiten und Ängste auslösen. Nicht selten werden schnell Vorurteile geäußert oder sogar Witze über andere Religionen gerissen und über deren Bräuche die Köpfe geschüttelt. Dabei wäre das Kennenlernen von anderen Religionen und das Entdecken der Gemeinsamkeiten eine große Chance.

Wer sich mit dem Glauben von anderen Menschen beschäftigt, der lernt auch seinen eigenen Glauben viel besser kennen. Gerade Jugendliche, die von Anfang an das Nebeneinander von vielen Religionen und Weltanschauungen kennengelernt haben, stehen vor der Herausforderung, Wege und Formen zu finden, wie religiöse Toleranz gelebt werden kann.

Die Materialien in diesem Band helfen Schülern*, die Religionen besser kennenzulernen und die Gemeinsamkeiten und Unterschiede zu erkennen. Die Lernenden erfahren aber auch, worauf es beim interreligiösen Dialog ankommt und welche erfolgreichen Beispiele es schon gibt. So werden sie immer wieder angeregt, den „Praxistransfer" herzustellen, konkrete Umsetzungsideen zu entwickeln oder diese allein oder mit der ganzen Klasse auch auszuprobieren.

Im ersten Teil eines jeden Kapitels finden Sie Hinweise für die Lehrkräfte und Lösungsbeispiele zu den Aufgaben auf den Arbeitsblättern. Jeweils links neben dem Einführungstext zu jedem Arbeitsblatt-Thema steht ein Verweis zu der Seite, auf der sich die zugehörige Kopiervorlage befindet.

Ich wünsche Ihnen viel Freude bei der Arbeit mit den Materialien in diesem Band!

Stephan Sigg

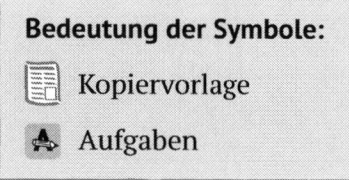

Bedeutung der Symbole:

Kopiervorlage

Aufgaben

---

* Der Einfachheit halber und zur besseren Lesbarkeit wird in diesem Arbeitsheft nur die Bezeichnung „Schüler" verwendet. Schülerinnen sind dabei selbstverständlich ebenfalls angesprochen.

1

Die Weltreligionen heute

Hinweise für Lehrkräfte

Auch wenn Religion für viele Jugendliche keine prägende Rolle spielt, erleben sie selbst tagtäglich, wie sehr unser Alltag von den verschiedenen Religionen geprägt ist und sie uns in allen Lebensbereichen zum Thema werden. Oft begegnet einem heute Religion nicht in Form von eigenen Erfahrungen. Im ersten Teil dieses Heftes sollen den Schülern die Augen dafür geöffnet werden, wo und wie sie im Alltag mit Religion konfrontiert werden, welche Images Religionen heute haben und wie diese vielfach durch die Berichterstattung der Medien geprägt werden.

Wo begegnen dir die Religionen im Alltag?

KV 1,
S. 12

> Die Religionen sind viel stärker im Alltag präsent, als es auf den ersten Blick den Eindruck erweckt: das Gebet, das Kopftuch, das Beachten von Speisegesetzen, das Feiern von religiösen Festen usw. begegnen uns überall. Viele sind sich nicht bewusst, was alles zu Religion gehört und dass Glauben viel mehr ist als Gottesdienst, Kopfbedeckung sowie Bibel, Koran und andere heilige Schriften. Im letzten Jahrhundert war lange die These verbreitet, dass Religion immer mehr aus unserer Gesellschaft verschwindet. Die Ereignisse der letzten Jahre zeigen: Das Gegenteil ist passiert. Die Fotos auf der KV 1 helfen den Schülern, sich bewusst zu machen, wo und wie ihnen im Alltag Religion begegnet – egal, ob man selbst gläubig oder nicht gläubig ist.

Aufgabe 1 **Beispiele von Religion**

Sportler, die vor einem wichtigen Spiel beten oder das Kreuzzeichen machen; religiöse Feste wie Weihnachten (Weihnachtskrippe) und die damit verbundenen Bräuche (Nikolaus, Weihnachtsmärkte, Weihnachtsprodukte in den Geschäften usw.); das Feiern von Ritualen an Lebensübergängen (z.B. Taufe, Hochzeit).

Aufgabe 2 **Begegnungen mit Religion**

Hier sollen möglichst viele individuelle Beispiele aufgeschrieben werden (z.B. aus Schule, Familie, Gesellschaft, Medien usw.).

Aufgabe 3 **Einfluss von Religion im Alltag**

Der Einfluss ist sicher nicht mehr so groß wie früher (religiöse Festzeiten prägten das Jahr, die Kirchen waren mit ihren Riten, Festen und Geboten präsent, ihre Regeln und Gebote gaben den Takt vor usw.). Doch gerade in den letzten Jahren wurde Religion immer wieder zum Thema (z.B. bei Konflikten um Religionsfreiheit oder religiöse Gesetze, der Auseinandersetzung mit Zuwanderern mit anderen Religionen und anderem Religionsverständnis). Für viele Menschen sind religiöse Feste noch immer wichtig und ihr Alltag wird von religiösen Ritualen geprägt. Selbst Menschen, die nicht in den Gottesdienst gehen, beten oder glauben an Gott.

Gemeinsamkeiten

KV 2,
S. 13

Die Karikatur von Thomas Plassmann auf der KV 2 macht auf eine Herausforderung/ Problematik aufmerksam, die sowohl Christentum als auch Islam betrifft: Es wird Gewalt im Namen Gottes verübt. Die Karikatur eignet sich, um den Schülern bewusst zu machen, dass die Unterschiede der Religionen oft gar nicht so groß sind bzw. dass die Verantwortlichen und die Gläubigen der verschiedenen Religionen manchmal im selben Boot sitzen.

Aufgabe 1   **Bildbetrachtung**

Das Christentum und der Islam sind symbolisch dargestellt: Kirchturm und Minarett, Pfarrer und Imam, die beiden sind „ganz oben", ein Transparent verbindet sie bzw. beide haben das gleiche Transparent aufgehängt.

Aufgabe 2   **Botschaften**

„Nicht den Namen Gottes missbrauchen!", „Keine gewaltsamen Konflikte im Namen der Religion", „Mehr Toleranz gegenüber anderen Religionen", „Nicht den Glauben oder Gott instrumentalisieren"

Aufgabe 3   **Probleme**

Da manche Gläubige Gewalt und Hass im Namen ihrer Religion verbreiten, leiden auch alle anderen Angehörigen dieser Religion darunter. Gott oder bestimmte Glaubensinhalte einer Religion werden oft von Gläubigen als Argument für ihre Interessen und Ziele missbraucht.

Angst vor anderen Religionen

KV 3,
S. 14

Die Ängste vor und Unsicherheiten gegenüber Religionen sind in unserer Gesellschaft sehr ausgeprägt – und das nicht nur gegenüber dem Islam. Auch dem Judentum, dem Christentum usw. begegnen viele skeptisch. Einerseits prägen die Medien diese Realität, indem sie oft nur negativ (bei Katastrophen usw.) über Religion berichten oder Gläubige oft als „Sonderfälle" oder sogar „schräge Typen" darstellen. Dabei ist es in der Religion ähnlich wie in anderen Alltagsbereichen: Oft ist es das Unbekannte, das einen verunsichert. Man versteht die Sprache, die Symbole, die Rituale usw. nicht, kann sie nicht einordnen. Es gibt aber auch Menschen, die durch den Glauben anderer Menschen damit konfrontiert werden, dass sie selbst in Glaubensfragen unsicher sind. Anstatt sich diesen Fragen zu stellen, lehnen sie lieber den Glauben ab und versuchen sich damit abzulenken, dass sie andere Religionen abwerten und belächeln. Die KV 3 macht sichtbar, inwiefern ein Zusammenhang zwischen Ängsten und fehlendem Wissen über die Religion besteht.

Aufgabe 1   **Gemeinsamkeiten**

In allen Mitteilungen geht es um eine andere, unbekannte Religion. Der Verfasser scheint unsicher zu sein, weil jemand seinen Glauben lebt und ihm (dem Verfasser) diese Sprache, Rituale nicht verständlich, unvertraut und eventuell sogar etwas unheimlich sind.

Aufgabe 2 **Was macht Angst?**

Individuelle Lösungen (z. B. dass es immer mehr radikalisierte Gläubige gibt)

Aufgabe 3 **Angst vor anderen Religionen**

Angst vor anderen Religionen hat oft mit Nichtwissen zu tun. Die Ängste sind sehr verbreitet, das Wissen hingegen kaum. Vielleicht könnte sich die Situation ändern, wenn sich die Menschen mehr über die Religionen informieren würden.

Muslime unter Verdacht

KV 4,
S. 15

Die Social-Media-Kampagne #notinmyname mobilisierte Muslime auf der ganzen Welt, gegen die Vereinnahmung des Islams durch den IS Stellung zu beziehen. Die Aktion machte sichtbar, dass die Gesellschaft Muslimen oft mit negativen Vorurteilen begegnet. Als Einstieg können Sie den Schülern Videos der Kampagne (zu finden auf YouTube, z. B. www.youtube.com/watch?v=wfYanI-zJes) vorspielen. Nach einer kurzen Diskussion über deren Inhalte erhalten die Schüler die KV 4 und erarbeiten die Fragen.

Aufgabe 1 **Bildbetrachtung**

Individuelle Lösungen (Wichtig: Die Schüler sollen das Bild genau betrachten und sich dabei auch in die Person des Mädchens hineinversetzen!): u. a. Reaktion auf negative Meldung über Religion oder Muslima, die ein Kopftuch tragen; Reaktion auf Terroristen, die den Islam missbrauchen und ihn in ein schlechtes Licht rücken. Das Mädchen will sich distanzieren, zeigen, dass es nicht einverstanden ist und ein anderes Verständnis von Religion hat.

Aufgabe 2 **Vorurteile**

Viele Menschen begegnen Muslimen ängstlich und distanziert, weil sie Angst vor ihnen haben und unsicher sind, manchmal äußert sich dieses Misstrauen auch in Aggression oder Ablehnung (z. B. böse Blicke, Auslachen). Manche Menschen gehen ihnen bewusst aus dem Weg oder verweigern den Kontakt. Die Medien berichten oft nur im Zusammenhang mit Gewalt und Terror über den Islam. Muslime müssen sich immer rechtfertigen und klarstellen, dass sie anders sind.

Aufgabe 3 **Hashtags**

Individuelle Lösungen, z. B. #IslamheisstLiebe #KeineGewaltimNamenGottes

Jüdisches Museum zeigt Ausstellung über Amy Winehouse

KV 5,
S. 16

Vielen war nicht bewusst, dass die Sängerin Amy Winehouse Jüdin war und ihren jüdischen Glauben auch gelebt hat. KV 5 informiert die Schüler über eine Ausstellung, die in vielen europäischen Museen zu sehen war: Sie widmete sich den jüdischen Wurzeln der Sängerin. Die Ausstellung will Vorurteile abbauen und vermittelt ein modernes Bild von jüdischem Leben. Als Ergänzung zur KV 5 können die Schüler mit dem Video von der Ausstellungseröffnung in Wien konfrontiert werden: www.youtube.com/watch?v=0DVVJbYi994

Aufgabe 1 **Amy Winehouse**

Individuelle Lösung (u. a. eine Pop-Sängerin aus London, war sehr erfolgreich, ist sehr jung gestorben, Hits u. a. „Back to black", machte nicht nur durch ihre Musik von sich reden, für viele Musiker heute ein großes Vorbild)

Aufgabe 2 **Warum war die Ausstellung überraschend?**

Kaum einer wusste, dass Amy Winehouse Jüdin war und dass das Jüdischsein für sie auch wichtig war. Sie entspricht nicht der Vorstellung, die viele Menschen von Juden haben.

Aufgabe 3 **Ziel der Ausstellung**

Sie wollen zeigen, wie verschieden Juden sind und dass viele Menschen immer nur Klischees vom Jüdischsein im Kopf haben: So wie es keinen „typischen" Christen gibt, gibt es auch keinen „typischen" Juden.

Aufgabe 4 **Wirkung der Ausstellung**

Nichtjuden erkennen, dass sie ihre Vorurteile überdenken müssen.

Aufgabe 5 **Chancen weiterer Ausstellungen**

Auch Angehörige anderer Religionen oder Menschen mit Vorurteilen gegenüber Religionen setzen sich mit dem Judentum auseinander. Mit Personen wie Amy Winehouse wird sichtbar: Auch wenn jemand einer bestimmten Religion angehört, heißt das nicht, dass diese Person automatisch „so" oder „so" ist.

Filmkomödien über die Weltreligionen

KV 6,
S. 17

Immer wieder gibt es Komödien, die sich humorvoll mit den Weltreligionen auseinandersetzen. Manche von ihnen spielen mit religiösen Tabus. Eine der erfolgreichsten war der französische Film „Monsieur Claude und seine Töchter". Es lohnt sich, den Schülern Ausschnitte oder gleich den ganzen Film oder die beiden anderen genannten Filmkomödien zu zeigen und mit ihnen ins Gespräch zu kommen. KV 6 regt die Schüler an, sich mit den Chancen und Gefahren dieser Filme auseinanderzusetzen.

Aufgabe 1 **Filmauswahl**

Individuelle Lösungen

Aufgabe 2 **Filmbeschreibungen**

Vor allem die Konflikte zwischen den Religionen; Menschen, die den Glauben zu ernst oder wenig ernst nehmen; Menschen, die Angst haben, nicht die Erwartungen ihrer religiösen Familie zu erfüllen; Menschen, die mit religiösen Vorurteilen zu kämpfen haben.

Aufgabe 3 **Religion in Komödien**

Positiv: Die Menschen merken, dass man sich auch humorvoll mit Religion auseinandersetzen kann und das Thema nicht immer so ernst nehmen muss; evtl. lernt man, über sich selbst zu lachen, und erkennt, dass man selbst auch engstirnig oder zu wenig tolerant ist.
Heikel: Bei Witzen über Religionen reagieren manche Menschen empfindlich und fühlen

sich schnell angegriffen. Anstatt Konflikte zu entschärfen, können solche Filme sie noch befeuern („Die machen sich lustig über meinen Glauben"), nicht jeder hat den gleichen Humor.

Aufgabe 4 **Humor**

Schon so lange versuchen die Menschen, religiöse Konflikte zu lösen, und trotzdem gelingt es nicht. Humor kann Spannungen lösen.

YouTuber mit religiösen Themen

KV 7,
S. 18

Inzwischen gibt es im deutschsprachigen Raum YouTuber, die sich mit religiösen Themen auseinandersetzen, die Vorurteile gegenüber Religionen abbauen möchten oder sogar das Thema Religion zum Schwerpunkt ihrer YouTube-Kanäle machen. Zwei bekannte Beispiele sind die Muslimin Hatice Schmidt und die Satire-Crew „Datteltäter". Beiden ist es ein Anliegen, das negative Image des Islams zu verbessern und mit teils provokativen Inhalten zum Nachdenken anzuregen. Den Schülern sind diese YouTuber wahrscheinlich noch nicht bekannt. Viele von ihnen sind bestimmt Fans von anderen YouTubern. Indem sie mit KV 7 diese Beispiele kennenlernen, setzen sie sich einmal in ihrem Medium mit dem Thema Religion und Vorurteile auseinander. Sie analysieren diese Kanäle und Videos und nehmen eine differenziert-kritische Haltung ein.

Aufgabe 1 **Steckbriefe**

▷ *Was erfährst du über die YouTuber?*
Hatice: junge YouTuberin, die sich für Mode und Styling interessiert/Datteltäter: 5 Komiker aus dem Nahen Osten, die in Deutschland leben und einen gemeinsamen YouTube-Kanal betreiben.
▷ *Wie viele Abonnenten?*
Aktuelle Lösungen.
▷ *Welches Video wurde am häufigsten geklickt?*
Aktuelle Lösungen.
▷ *Welche Themen kommen in ihren Videos vor?*
Hatice: Mode, Styling, Berichte aus dem Alltag ihrer muslimischen Familie/Datteltäter: Vorurteile, Rassismus
▷ *Was sind die Ziele dieses Kanals?*
Beide: möglichst viele Menschen erreichen, informieren, aufklären, unterhalten, Tipps, Aufklärung (Datteltäter 5).

Aufgabe 2 **Unterschiede und Gemeinsamkeiten**

Datteltäter: machen Comedy, der Kanal ist ein „Kunstprodukt" bzw. ein „Comedy-Kanal"; sie schlüpfen in andere Rollen; „Datteltäter" sind inzwischen ein offizielles Angebot des öffentlich-rechtlichen Radios/Hatice: es ist ihr persönlicher Kanal, sie spielt keine Rolle.

Aufgabe 3 **Weitere YouTube-Kanäle**

Individuelle Lösungen (dafür spricht: Ja, es wird selbstverständlicher, dass man über Religion Witze machen darf, die Gesellschaft lernt, entspannter mit Religion umzugehen)

Buddhismus im Trend – warum?

KV 8,
S. 19

> Während Judentum, Christentum und Islam in den deutschsprachigen Ländern oft kritisiert und als konservativ bezeichnet werden, genießt der Buddhismus mehrheitlich ein positives Image. Dies liegt u. a. daran, dass die buddhistische Lehre Antworten und Rituale anbietet, die gestressten Mitteleuropäern schnelle Hilfe versprechen (z. B. eine buddhistische Meditation). Auch scheint diese Religion weniger dogmatisch zu sein als andere Weltreligionen und deshalb mehr Individualität im Denken und Handeln zuzulassen. KV 8 zeigt den Schülern, welche Aspekte des Buddhismus bei Westeuropäern heute Anklang finden.

Aufgabe 1 Bildbetrachtung

Die Figur wirkt beruhigend. Sie strahlt Ruhe, Entspanntheit, Zufriedenheit und Glück aus. Gold: evtl. als Symbol für Glück und Reichtum. Buddhafiguren sind für viele auch einfach nur Dekoration; es ist nicht gleich ein religiöses Bekenntnis, wenn ich sie aufstelle.

Aufgabe 2 Kruzifix

Der Anblick des leidenden Jesus löst auf den ersten Blick nicht die gleichen positiven Gefühle aus. Man muss etwas über Jesus und das Christentum wissen, die Symbolik des Kreuzes verstehen, das ist anspruchsvoller. Wer ein Kreuz aufhängt, der will damit mitteilen, dass er religiös ist. Es ist eindeutig keine Dekoration.

Aufgabe 3 Zitate kommentieren

Sie fühlen sich gestresst, sie stören sich am ausufernden Konsum in unserer Gesellschaft (immer mehr usw.). Sie fühlen sich überreizt (ständig klingelt das Smartphone, immer will jemand etwas von ihnen usw.). Der Alltag und das Leben sind fremdbestimmt, es gibt zu viele Regeln, an die man sich halten muss.

Zwischen Ablehnung und Idealisierung

KV 9,
S. 20

> Fachleute weisen darauf hin, dass der „Lifestyle-Buddhismus" nur einen Teil des Buddhismus darstelle und die kritischen Aspekte (z. B. es gibt auch Buddhisten, die im Namen ihrer Lehre Gewalt verüben) ausgeblendet werden. KV 9 warnt die Schüler vor einer einseitigen Betrachtung (unkritisch negativ bzw. unkritisch positiv) der Religionen.

Aufgabe 1 Schlagzeilen

Sie machen darauf aufmerksam, dass es offensichtlich auch im Buddhismus Fundamentalisten und Radikale gibt, die nicht vor Gewalt im Namen der Religion zurückschrecken.

Aufgabe 2 Gegenüberstellung

Die beiden Schlagzeilen stehen im klaren Gegensatz zu den positiven Bildern und Meinungen auf der KV 8. Sie zeigen, dass auch im Buddhismus nicht alles Gold ist, was glänzt, und es falsch wäre, den Buddhismus zu idealisieren.

Aufgabe 3 **Ansichten**

Egal ob gläubig oder nicht gläubig, ist es wichtig, eine differenzierte Haltung einzunehmen. Kritisch wird es, wenn jemand die problematischen Aspekte komplett ausblendet (da dadurch auch keine Reformen und Weiterentwicklungen möglich sind). Kritisch wird es auch, wenn Religionen undifferenziert kritisiert werden und ihnen alle möglichen Dinge in die Schuhe geschoben werden oder es zu Pauschalisierungen kommt (damit wird ausgeblendet, dass Religion vielen Menschen guttut, sie eine gemeinschaftsstiftende Funktion hat, Frieden schafft usw.). Das Bild, das viele Menschen von Religionen haben, ist heute oft von Medienberichten geprägt (die Medien berichten eher negativ über Religionen als positiv).

Religionen – wie groß sind sie?

**KV 10,
S. 21**

Während früher die Mehrheit unserer Gesellschaft dem Christentum angehörte, gibt es heute eine Vielfalt an Bekenntnissen und Religionszugehörigkeiten und manche Menschen gehören keiner Religion mehr an. Die (formale) Zugehörigkeit zu einer Religion sagt wenig aus über die innere Zugehörigkeit bzw. den Stellenwert von Religion und Glauben im Alltag eines Gläubigen. Die Zahlen in Deutschland und weltweit machen sichtbar, wie groß die Religionen sind, und dass sie weltweit von Bedeutung sind.

Aufgabe 1 **Diagramme**

Individuelle Lösungen

Aufgabe 2 **Kommentar**

Viele Menschen, die einer Religion angehören, praktizieren ihren Glauben kaum oder gar nicht. Eigentlich müsste man eine Statistik erheben, wer wie oft in den Gottesdienst geht (um z. B. damit zu eruieren, für wie viele Menschen der Gottesdienstbesuch wichtig ist), betet usw. (wobei auch dies nicht wirklich etwas aussagen würde).

Aufgabe 3 **Religionszugehörigkeit**

Glaubenspraxis, innere Glaubenshaltungen, wer ist durch Geburt (weil die Eltern schon dieser Religion angehören) Angehöriger dieser Religion geworden, wer aus eigener Entscheidung, usw.

Wo begegnen dir die Religionen im Alltag?

stock.adobe.com/karaboux

Shutterstock.com/PixelDarkroom

stock.adobe.com/illustrissima

MONTAG	DIENSTAG	MITTWOCH	DONNERSTAG	FREITAG	SAMSTAG	SONNTAG

1. Welche Beispiele von Religion werden auf den Bildern gezeigt?
   Schreibe neben die Bilder.

2. Wo ist dir in den letzten sieben Tagen Religion begegnet und wie?
   Schreibe in die Kalenderfelder.

3. Hat Religion heute noch Einfluss auf unseren Alltag? Diskutiert miteinander
   und nennt konkrete Beispiele.

Autor: Stephan Sigg – Meine Religion + deine Religion | 978-3-589-15540-8

Gemeinsamkeiten

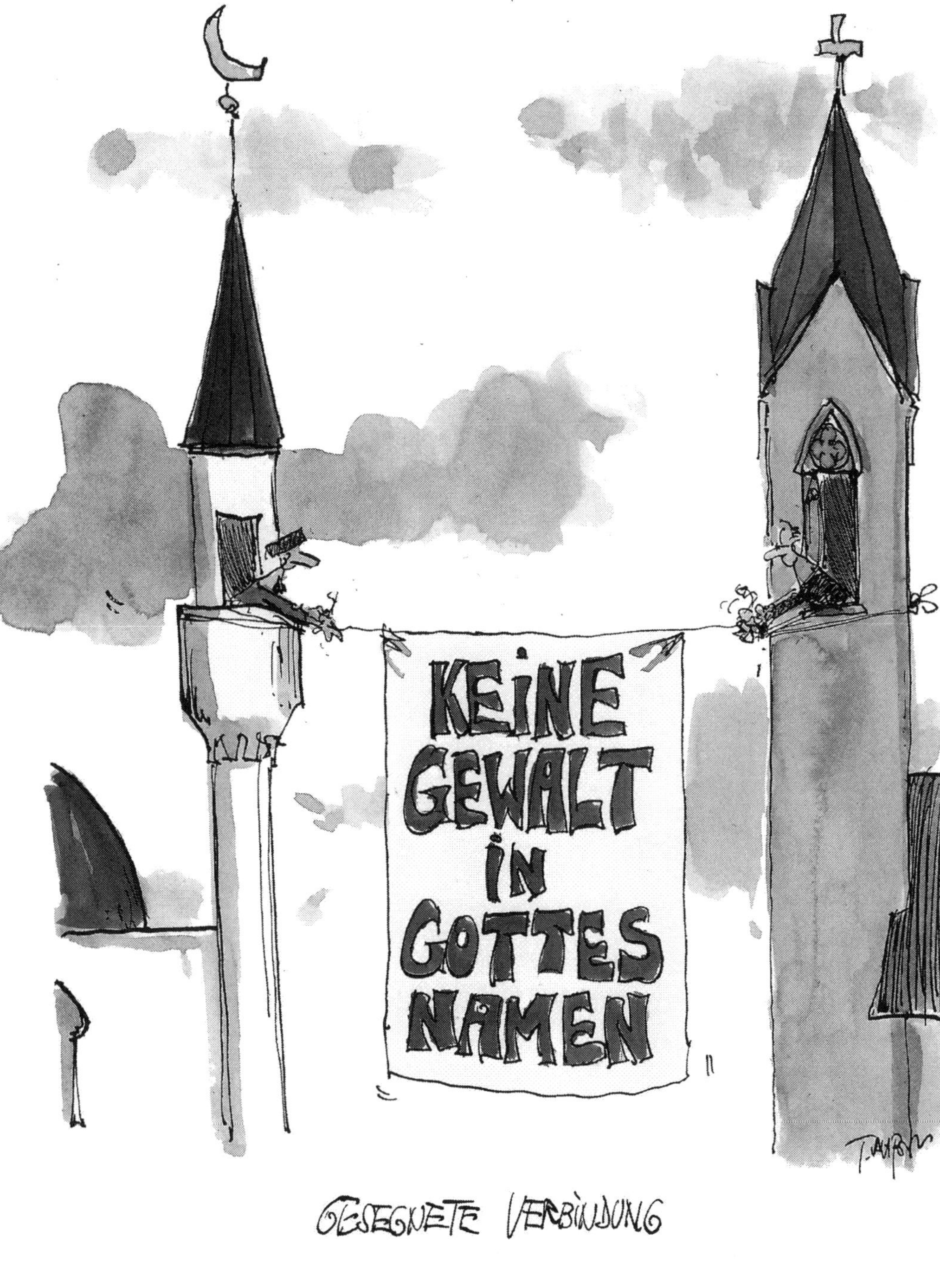
KEINE GEWALT IN GOTTES NAMEN
GESEGNETE VERBINDUNG

© Thomas Plassmann

A

1. Betrachtet das Bild. Was ist darauf zu sehen?
2. Wie könnte man die Botschaft auf dem Transparent auch noch formulieren? Schreibt 2–3 Alternativen auf.
3. Welche Probleme, das Christentum und den Islam betreffend, werden in diesem Bild sichtbar?

Autor: Stephan Sigg – Meine Religion + deine Religion | 978-3-589-15540-8

1

Angst vor anderen Religionen

Angst vor anderen Religionen

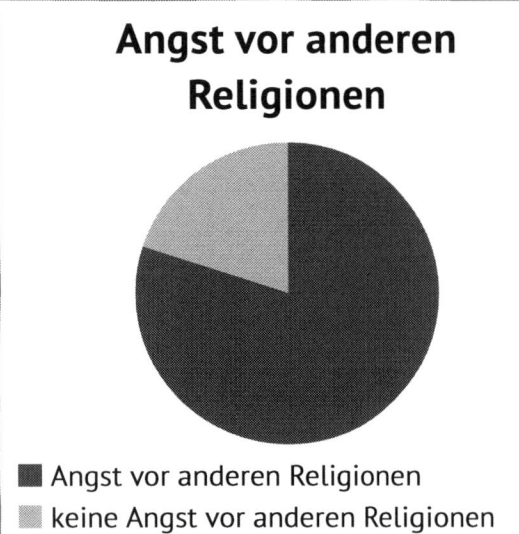

■ Angst vor anderen Religionen
■ keine Angst vor anderen Religionen

Wissen über andere Religionen

■ Wissen über andere Religionen
■ Nichtwissen über andere Religionen

> – *Weil es ungewohnt ist*
>
> – *Weil man es nicht versteht*
>
> – *Weil man sich ausgeschlossen fühlt*

> *„Sie isst kein Schweinefleisch? Warum nicht?"*

> *„Ich habe ein Video gesehen, in dem wurde gezeigt, wie gewalttätig diese Religion ist."*

> *„Was sind das für komische Gesänge bei dieser Feier? Und warum haben alle eine Kerze in der Hand?"*

> *„Ich verstehe kein Wort von dem Gebet. Was für eine Sprache ist das überhaupt?"*

1. Lest die SMS/WhatsApp-Mitteilungen. Welche Gemeinsamkeiten haben sie?

2. Was macht dir in Sachen Religionen Angst bzw. was verunsichert dich? Wie gehst du mit diesen Ängsten um?

3. Warum machen andere Religionen vielen Menschen Angst? Argumentiert mithilfe der WhatsApp-Nachrichten und den Grafiken.

Autor: Stephan Sigg – Meine Religion + deine Religion | 978-3-589-15540-8

KV 3

Muslime unter Verdacht

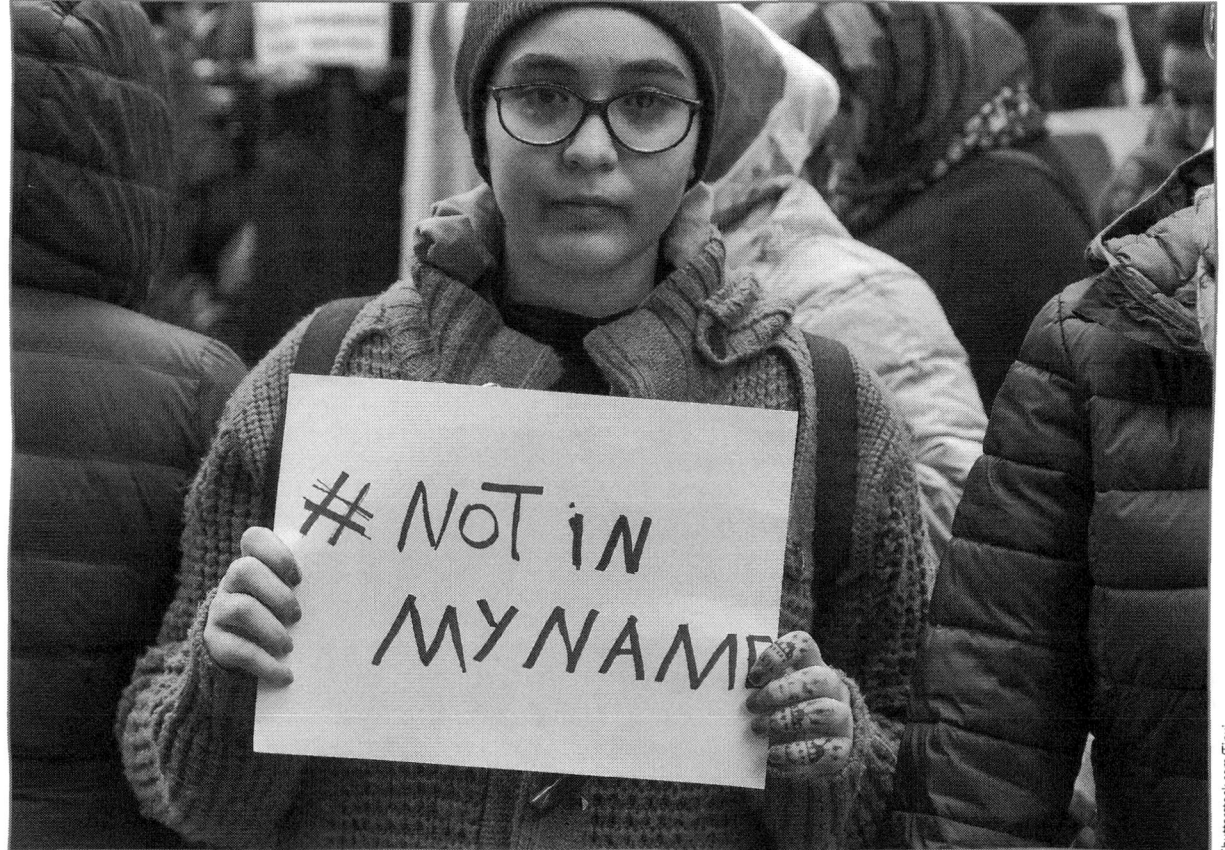

Shutterstock.com/Tinxi

\# _____

   \# _____

\#MeineReligionakzeptiertkeineGewalt!

   \# _____

\# _____

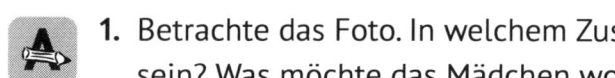

1. Betrachte das Foto. In welchem Zusammenhang könnte das Bild entstanden sein? Was möchte das Mädchen wohl erreichen?

2. Warum leiden viele Muslime und auch Angehörige anderer Religionen darunter, dass ihnen die Gesellschaft mit Vorurteilen begegnet? Diskutiert darüber.

3. Schreibe oben weitere Hashtags auf Deutsch auf, die das Ziel der Kampagne oder den Wunsch des Mädchens vermitteln.

Autor: Stephan Sigg – Meine Religion + deine Religion | 978-3-589-15540-8

Jüdisches Museum zeigt Ausstellung über Amy Winehouse

„Amy Winehouse: Ein Familienporträt"

Das Jüdische Museum in Wien widmet der Musikerin Amy Winehouse (1983–2011) eine Ausstellung.

Die Besucherinnen und Besucher der Ausstellung können die Musikerin von einer ganz anderen Seite kennenlernen. Was nur wenige wissen: Amy Winehouse war Jüdin und tief in der jüdischen Geschichte ihrer Familie verwurzelt. Ihre Familie stammt ursprünglich aus Weißrussland und wanderte in den 1890er-Jahren nach England aus. Amys Bruder und dessen Frau Riva unterstützten die Ausstellung. Sie stellten zahlreiche Objekte und persönliche Erinnerungsstücke von Amy Winehouse zur Verfügung.

Unter anderem zu sehen sind: Amys Lieblingsgitarre, ihre Plattensammlung aus ihrer Jugend und ein Koffer mit Familienfotos. Es werden aber auch Outfits aus Videoclips und Konzerten gezeigt und sogar Gegenstände aus ihrer Wohnung. Alle diese Objekte bringen Amys Begeisterung für die Musik, Mode und die Stadt London zum Ausdruck. Die Besucher können sich selbst ein Bild davon machen, wie wichtig die jüdische Tradition für sie war. Amy Winehouse versteckte ihre jüdischen Wurzeln nicht, im Gegenteil: Jüdisch zu sein, erfüllte sie mit Stolz, weiß der Bruder. Wer die Ausstellung besucht, findet heraus, warum das so war und was die jüdischen Wurzeln Amy bedeuteten. Die Ausstellung war bereits in vielen Museen in verschiedenen europäischen Städten zu sehen und lockte viele Besucher an.

Ziele des Museums:

1. Was weißt du über die Sängerin Amy Winehouse?

2. Warum war die Ausstellung für viele Juden und Nicht-Juden eine Überraschung?

3. Warum widmet das Jüdische Museum Amy Winehouse eine Ausstellung? Was will es damit erreichen?

4. Inwiefern profitieren Juden und das Judentum von dieser Ausstellung?

5. Was wären die Chancen weiterer solcher Ausstellungen?

Filmkomödien über die Weltreligionen

Monsieur Claude und seine Töchter

Claude und Marie sind ein wohlhabendes, leicht konservatives katholisches Ehepaar.
Sie leben in einem Dorf in der französischen Provinz. Sie haben vier Töchter. Für die jungen
Frauen können sich die Eltern nichts Schöneres vorstellen, als dass diese attraktive,
„richtige" französische Männer heiraten. Doch Tochter Ségolène heiratet einen Chinesen,
Isabelle einen Muslim und Odile einen Juden. Jetzt sind die Eltern außer sich. Zum Glück
will ihre jüngste Tochter Laure einen französischen Katholiken heiraten! Er kommt zum
ersten Abendessen vorbei – da kommt es zum Konflikt: Charles ist schwarz und die Eltern
sind sauer. Sie geben ihre Töchter aber nicht so einfach auf. Sie nutzen die Hochzeitsvor-
bereitungen, um die unerwünschten Beziehungen zu sabotieren ...

Alles koscher!

Der Muslim Mahmud Nasir lebt zusammen mit seiner Frau Saamiya, seinem Sohn Rashid
und seiner Tochter Nabi im Londoner East End und nimmt die Vorschriften des Islam nicht
besonders ernst. Rashid offenbart seinem Vater, dass er Uzma, die Stieftochter des funda-
mentalistischen Predigers Arshad Al-Masri, heiraten möchte. Um Al-Masris Zustimmung für
die Hochzeit zu bekommen, müssen die Nasirs ihm gegenüber den Eindruck einer streng-
gläubigen muslimischen Familie erwecken.

Wer weiß, wohin

Ein staubiges Kaff irgendwo im Libanon. Schon ewig leben Christen und Moslems hier Tür
an Tür, und genauso lange kommt es auch immer wieder zu Konflikten, vor allem zwischen
den Männern. Den Grund für das idiotische Hauen und Stechen wissen sie meist selbst
nicht mehr so genau – und davon haben ihre Frauen endgültig die Nase voll! Was aber
tun? Da Testosteron das Einsichtsvermögen stark herabzusetzen scheint, ist mit weiblicher
Logik nicht viel auszurichten. Und so hecken die Dörflerinnen gemeinsam allerhand ver-
rückte Aktionen aus. Fantasie und Entschlossenheit des konspirativen Treibens kennen
bald kaum noch Grenzen und zeigen durchaus ihre Wirkung ...

1. Lies die Filmbeschreibungen. Welcher Film würde dich interessieren?
   Begründe deine Antwort.

2. In welcher Form kommen die Religionen in diesem Film vor?
   Worüber genau macht er sich lustig?

3. Komödien über Religionen – ist das sinnvoll oder eher heikel?
   Erstellt eine Pro-und-kontra-Liste.

4. Warum ist Humor manchmal das beste Mittel, um die Konflikte
   zwischen den Religionen zu thematisieren? Diskutiert darüber.

Autor: Stephan Sigg – Meine Religion + deine Religion | 978-3-589-15540-8

YouTuber mit religiösen Themen

Hatice Schmidt

Was erfährst du über die YouTuberin? _____

_____

Wie viele Abonnenten? _____

Welches Video wurde am häufigsten geklickt? _____

_____

Welche Themen kommen in ihren Videos vor? _____

Was sind die Ziele diese Kanals? _____

_____

▶ ◀))   ✿ ▢ ⊡ ⛶

Dattelтäter

Was erfährst du über die YouTuber? _____

_____

Wie viele Abonnenten? _____

Welches Video wurde am häufigsten geklickt? _____

_____

Welche Themen kommen in ihren Videos vor? _____

Was sind die Ziele diese Kanals? _____

_____

▶ ◀))   ✿ ▢ ⊡ ⛶

„Denn wie ihr vielleicht wisst, werde ich in meinen Kommentaren, also unter meinen Videos immer wieder kritisiert, dass ich ungläubig wäre, weil ich einen deutschen Mann geheiratet habe oder weil ich mein Kopftuch abgelegt habe. Das sind schon Sachen, die mich sehr beschäftigen, und ich hoffe, dass ich Antworten auf genau diese Fragen bekomme: Was macht mich denn ungläubig? Oder was macht mich gläubig?"

(Hatice Schmidt)

„Weil es nun auch mal eine Möglichkeit ist, das Eis zu brechen, und das ist dann auch viel einfacher, an Leute heranzukommen, die selbst erst mal eine ablehnende Haltung haben. Erst mal das Eis brechen und dann fällt das Zuhören auch viel einfacher!"

(Dattelтäter)

(Teresa Sickert: Die muslimische Stimme bei You Tube (Auszug). Zit. nach: http://www.deutschlandradiokultur.de/aufklae-rung-schminktipps-und-humor-die-muslimische-stimme.2156.de.html?dram:article_id=339879)

1. Schaut euch die YouTube-Kanäle von Hatice Schmidt und Dattelтäter an und füllt die Steckbriefe oben aus.

2. Was sind die Unterschiede und die Gemeinsamkeiten dieser beiden Kanälen?

3. Sollte es weitere solche YouTube-Kanäle geben? Welche Chancen seht ihr?

Autor: Stephan Sigg – Meine Religion + deine Religion | 978-3-589-15540-8

Buddhismus im Trend – warum?

 1. Betrachte das Bild. Wie wirkt die Figur auf dich? Warum stellen viele Menschen im Garten oder in der Wohnung eine Buddhafigur (meist sogar aus Gold) auf?

 2. Warum tun sich hingegen viele schwer, zu Hause eine Figur des gekreuzigten Jesus (Kruzifix) oder ein Kreuz aufzuhängen? Diskutiert darüber.

„Offensichtlich haben viele Menschen eine Sehnsucht nach einem einfacheren Leben. Sie träumen von einem Leben ohne Konsum. Der Buddhismus gibt Hilfen, wie man wieder mehr zu sich findet, und zeigt, dass es gut tut, auf Äußeres zu verzichten."

„Der Dalai Lama, der geistliche Führer der Buddhisten, wirkt immer so entspannt und mit sich selber im Reinen, er lächelt sehr oft und wird nie böse."

„Im Buddhismus gibt es keinen Unterschied zwischen Frau und Mann. Es gibt keine Rangordnung, alle sind gleich. Es geht nicht darum, irgendwelche Gebote zu lernen und zu befolgen."

 3. Kommentiere die Zitate. Was stört viele Menschen, die sich vom Buddhismus angesprochen fühlen, an ihrem Leben?

Autor: Stephan Sigg – Meine Religion + deine Religion | 978-3-589-15540-8

 KV 8

Zwischen Ablehnung und Idealisierung

 1. Welches Bild vom Buddhismus vermitteln die beiden Schlagzeilen?

Sri Lanka:
Radikale Buddhisten zerstören christliche Kirche

Buddhistische Mönche machen Stimmung gegen muslimische Minderheit in Myanmar

 2. Vergleiche die beiden Schlagzeilen mit den Kommentaren auf KV 8.
Warum ist es wichtig, sie einander gegenüberzustellen?

„Religionen sind der Auslöser von Gewalt und Krieg. Viele unterdrücken Frauen. Viele drohen den Gläubigen und Nichtgläubigen."

„Wer meine Religion kritisiert, ist ein Verräter! Er ist nur eifersüchtig auf meinen Glauben und will meine Religion in ein schlechtes Licht rücken."

 3. Warum sind beide Ansichten nicht korrekt? Warum äußern sich heute viele Menschen so negativ gegenüber Religion und Glauben?

Autor: Stephan Sigg – Meine Religion + deine Religion | 978-3-589-15540-8 · Illustratorin: Dorina Tessmann

Religionen – wie groß sind sie?

In Deutschland:

Anzahl Menschen in Deutschland:
82,8 Millionen

Anzahl Mitglieder der
römisch-katholischen Kirche 23,76 Mio.

Anzahl Mitglieder der
evangelischen Kirche   22,27 Mio.

Anzahl Muslime
in Deutschland   4,25 Mio.

Mitglieder der
jüdischen Gemeinden   99 695

(Quelle: https://de.statista.com/themen/125/religion/)

Weltweit:

Christentum: ca. 2,3 Milliarden

Islam: ca. 1,6 Milliarden

Hinduismus: ca. 940 Millionen

Buddhismus: ca. 460 Millionen

Judentum: ca. 15 Millionen

(Quelle: Encyclopædia Britannica)

Diese Zahlen sagen nicht sehr viel aus! Ich bin auch einer von diesen 23,76 Millionen Katholiken in Deutschland, aber ich gehe nie in den Gottesdienst!

Wie viele Menschen glauben in Deutschland an Gott?

67 % ▶ JA

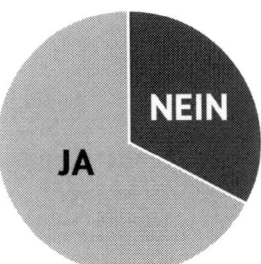

 1. Stellt die Zahlen mit Kreis- oder Balkendiagrammen dar.

2. Worauf macht der Kommentar aufmerksam?

3. Was müsste man auch noch berücksichtigen, um tatsächlich zu wissen, wie viele Menschen welcher Religion angehören?

Autor: Stephan Sigg – Meine Religion + deine Religion | 978-3-589-15540-8

Die Weltreligionen kennenlernen

Hinweise für Lehrkräfte

Obwohl wir durch die Globalisierung heute im Alltag mit vielen Religionen konfrontiert werden, ist das Wissen über die eigene oder andere Religionen oft sehr gering. Der zweite Teil dieses Heftes ermöglicht es den Jugendlichen anhand einiger konkreter Beispiele, die ihren Alltag betreffen, sich mit den Gemeinsamkeiten und Unterschieden der Weltreligionen auseinanderzusetzen.

Abrahamitische Religionen

KV 11, S. 31

> Judentum, Christentum und Islam haben die gleichen Wurzeln. Sie berufen sich alle auf den Stammvater Abraham. Er kommt in den heiligen Schriften aller drei Religionen vor. Dieser Tatsache müsste viel mehr Beachtung geschenkt werden. Die drei Weltreligionen sind alle monotheistische Religionen und unterscheiden sich damit von Religionen, die an mehrere Götter oder Gottheiten glauben. Die gemeinsamen Wurzeln und die damit gemeinsame Basis ist ein großes Potential, das noch zu wenig genutzt wird.

Aufgabe 1   **Grafik und Zitat**

Abraham ist so etwas wie der „Vater" der drei Religionen, er ist der „Vorfahre" aller drei Religionen; so wie auch Geschwister manchmal miteinander Konflikte haben, haben auch die Religionen miteinander Konflikte.

Aufgabe 2   **Aussagen**

Richtige Aussagen: Sie glauben alle an einen Gott. Die Erzählungen von Abraham gelten für alle Religionen und sind in deren heiligen Schriften zu finden. Alle glauben an einen allmächtigen und allwissenden Gott.

Aufgabe 3   **Interview**

Individuelle Lösungen, z. B.: „Was sagen Sie dazu, dass es heute drei Religionen gibt, die sich auf Sie berufen?", „Was wünschen Sie sich von diesen drei Religionen? Was stört Sie an ihnen? Was macht Sie traurig?"

Aufgabe 4   **Werbeslogans**

Individuelle Lösungen, z. B.: „Entdeckt die Gemeinsamkeiten!", „Schon vergessen? Wir haben einen gemeinsamen Stammvater!"

2

Kirche, Moschee, Synagoge und Tempel

KV12,
S. 32

Sie sind die Zentren der jeweiligen Religionen. Dort versammeln sich die Menschen zum Gebet und zum Gottesdienst. Auch wenn es große Unterschiede im Hinblick auf Bedeutung und Funktion dieser Gebäude gibt, haben sie eine Gemeinsamkeit: Die Gläubigen sind überzeugt, dass dort eine besondere Form der Begegnung mit Gott (in monotheistischen Religionen) bzw. den Göttern (in polytheistischen Religionen) möglich wird. Sakrale Gebäude sind meist beeindruckende architektonische Kunstwerke, die sich von einem normalen Haus unterscheiden. Die Schüler erarbeiten die äußeren Kennzeichen (KV 12) und die Einrichtung dieser sakralen Gebäude (KV 13, KV 14). Wichtig: Die vier Bilder auf dem Blatt sind nur vier von vielen anderen Beispielen. Kirchen, Synagogen usw. gibt es in verschiedenen Größen und Ausführungen. Die Schüler lernen durch eine Bildersuche im Internet diese Vielfalt kennen.

Aufgabe 1 **Bildbetrachtung**

Oft mächtige, imposante Gebäude, die von weither zu sehen sind und eine Art „Zentrum" darstellen; oft mit einem Turm, Minarett oder „in die Höhe" (zum Himmel) gebaut.

Aufgabe 2 **Weitere Beispiele**

Individuelle Lösungen (wichtig: Schüler sollen Vielfalt kennenlernen; es gibt immer prunkvolle, aber auch sehr einfache, karge Varianten, z.B. wenn die Gläubigen nicht viel Geld haben).

Ein Rundgang durch Kirchen und Synagogen

KV13,
S. 33

Die Kirchen der verschiedenen christlichen Konfessionen unterscheiden sich in mehreren Punkten (z.B.: protestantische Kirchen sind in der Regel schlichter eingerichtet). Beim Beispiel auf dem Arbeitsblatt handelt es sich um eine römisch-katholische Kirche. Nach christlichem Verständnis ist die Kirche das „Haus Gottes". Sie ist der Versammlungsort der Gläubigen. Diese Funktion erfüllt für die Juden die Synagoge (dt. = „Versammlung"). Im Gegensatz zu einer Kirche sind Synagogen auch Orte der Bildung (z.B. Hebräischunterricht für Kinder). Besonders an jüdischen Sakralbauten ist, dass es keine einheitliche Architektur bzw. verbindliche Regeln zur Architektur gibt – abgesehen von der Einrichtung – und sie sich an die Bauweise des jeweiligen Landes anpassen. Dies hat damit zu tun, dass im Talmud nur wenige Anweisungen zum Bau einer Synagoge zu finden sind. Die Aufgabe kann auch als Hausaufgabe durchgeführt werden oder Sie stellen den Schülern eine Auswahl an Bildern zur Verfügung (in die Kreismitte legen oder als Powerpoint-Präsentation zeigen). Die Schüler wählen ihre „Top 3" aus.

Aufgabe 1 **Bildbetrachtung**

Individuelle Lösungen (z.B. Sitzplätze bei beiden in der Mitte und an den Seiten; Bereich für Priester/Rabbiner vorn)

2

Aufgabe 2   **Gemeinsamkeiten**

Bei beiden: u.a. ist es genau festgeschrieben, wo das „Volk"/die Gläubigen sich aufhalten; es gibt einen Platz, wo sich der „Ritus"/das eigentliche Geschehen abspielt und der für den Priester/für den Rabbiner reserviert ist.

Aufgabe 3   **Beschreibung für eine Besichtigung**

„Treten Sie ein, gleich beim Eingang sehen Sie ein besonderes Becken. Es ist mit Weihwasser gefüllt ..."

Aufgabe 4   **Welche Kirchen und Synagogen gefallen am besten?**

Individuelle Lösungen (wichtig: Abwertungen und Pauschalisierungen vermeiden – es gibt ganz viele unterschiedliche Bauweisen!).

Ein Rundgang durch Moscheen und Tempel

KV 14, S. 34

In der Moschee (= „Ort der Niederwerfung") versammeln sich Muslime zum gemeinsamen Gebet. Es ist verbindlich, das Freitagsgebet in einer Moschee zu verrichten.
Zu einem buddhistischen Tempel gehören in der Regel ein oder mehrere Gärten. Oft ist der Tempel gleichzeitig ein Kloster für Mönche. Im Zentrum steht ein Heiligtum (z.B. Bild des Buddhas).

Aufgabe 1   **Bildbetrachtung**

Individuelle Lösungen (z.B. Moschee: keine Sitzgelegenheiten bzw. keine Stühle oder Bänke; ein Podium in der Mitte; es wird jedoch nicht deutlich sichtbar, was das Zentrum der Moschee darstellt; Tempel: ganz deutlich quadratische Anordnung, das Zentrum befindet sich genau in der Mitte)

Aufgabe 2   **Gemeinsamkeiten**

Bei beiden: quadratischer Grundriss, Sitzordnung nicht durch Bänke, Stühle vorgegeben.

Aufgabe 3   **Welche Moscheen und Tempel gefallen am besten?**

Individuelle Lösungen (wichtig: Pauschalisierungen und Abwertungen vermeiden und auf eine überzeugende Begründung Wert legen!).

Die wichtigsten Orte der Religionen

KV 15, S. 35

> Jede Religion hat Orte, die für sie wichtig oder heilig sind, da dort ein bedeutsames Ereignis stattfand (z.B. Bethlehem = Geburtsort Jesu, Mekka = Geburtsort Mohammeds, Lumbini = Geburtsort Siddhartas). Für die Gläubigen ist der (einmalige oder mehrmalige) Besuch eines solchen Ortes sehr wichtig, da sie sich hier Gott, den Heiligen usw. besonders nah fühlen und sie dort eine ganz intensive Glaubenserfahrung machen können. Da sich die Religionen auf konkrete Orte berufen und damit auch Besitzansprüche für diese Orte geltend machen, sorgen gerade die heiligen Städte immer wieder für Konflikte (z.B. Jerusalem, da es gerade für Judentum, Christentum und Islam eine wichtige Stadt ist). Mit diesen Städten bekommen die Religionen einen „konkreten" Ort.

Aufgabe 1 **Orte**

1. Wohnort, 2. Rom, 3. Jerusalem, 3. Mekka, 4. Lumbini (Nepal)

Aufgabe 2 **Steckbrief Stadt**

Individuelle Lösungen, z.B.:

▷ *Für welche Religion wichtig?* Rom (Christentum), Jerusalem (Judentum, Christentum, Islam), Mekka (Islam), Lumbini (Buddhismus)

▷ *Welche Bedeutung? Was ist dort passiert?* Rom: Hier lebt der Papst, hier ist Apostel Paulus gestorben, Zentrum der katholischen Kirche; Jerusalem: Hier stand der Tempel der Juden, Tod und Auferstehung Jesu; Mekka: Geburtsort Mohammeds; Lumbini: Geburtsort Siddhartas

▷ *Sehenswürdigkeiten?* Jerusalem: Klagemauer, Kreuzweg ..., Rom: Petersdom ..., Mekka: Kaaba; Lumbini: May-Devi-Tempel

▷ *Welche heiligen Stätten gibt es dort?* Rom: Petersdom, Vatikan; Jerusalem: Tempelberg; Klagemauer, Geburtskirche; Mekka: Kabaa; Lumbini: Die ewige Friedens-Flamme

▷ *Wie viele Einwohner?* Rom: 2,6 Millionen; Jerusalem: 809 000, Mekka: 1,4 Millionen, Lumbini: 61 000

Aufgabe 3 **Bedeutung der Orte**

Die Religionen haben einen „konkreten" Ort, auf den sie sich beziehen können. Das wirkt sich evtl. positiv auf den Glauben aus, da man sich besser vorstellen kann, wo und wie manche Ereignisse stattgefunden haben. Es trägt zur Glaubwürdigkeit bei (es war nicht irgendwo, sondern es lässt sich an einem konkreten Ort festmachen).

Aufgabe 4 **Orte und Religionen**

Man erfährt, dass die Religion und ihre Geschichten nicht einfach so „vom Himmel gefallen sind", sondern sich auf konkrete Orte beziehen, die auch heute noch besucht werden können.

Rituale für Jugendliche: Firmung, Konfirmation, Bar-Mizwa

**KV 16,
S. 36**

In fast jeder Religion gibt es Rituale, die Menschen ein bewusstes Gestalten von wichtigen Lebensübergängen (Geburt, Erwachsenwerden, Ehe, Tod) ermöglichen. KV 16 zeigt, welche Rituale in den Religionen im Jugendalter gefeiert werden. Die Schüler erkennen an diesem Beispiel, inwiefern Glaube, Religion, Rituale und das Eingebundensein in eine Gemeinschaft im Leben Halt und Unterstützung vermitteln können.

Aufgabe 1   **Emojis**

Individuelle Lösungen (z. B. „Zum ersten Mal verliebt – Schmetterlinge im Bauch", „Alle nerven! Ich könnte fast jeden Tag durchdrehen!", „Morgen habe ich ein Vorstellungsgespräch, mir schlottern die Knie!")

Aufgabe 2   **Pubertät**

Jugendliche: leiden unter einem Gefühlschaos, sie wollen ihr eigenes Leben aufbauen und das steht oft im Widerspruch zu den Vorstellungen der Eltern/Eltern: haben weniger Kontrolle über die Jugendlichen, müssen sich damit abfinden, dass ihr Kind nun seinen eigenen Weg geht, weniger Zeit mit ihnen verbringen will usw.

Aufgabe 3   **Warum sind die Feiern ein wichtiges Ereignis?**

Sie spüren dabei, dass Gott an ihrer Seite ist. Es ist ein Ritual, das sichtbar macht, dass ein neuer Lebensabschnitt beginnt und dass sie nun kein Kind mehr sind. Eventuell wird auch den Eltern dadurch bewusster, dass ihre Kinder nun erwachsen werden, ihre eigene Meinung haben usw.

Aufgabe 4   **Weitere religiöse Rituale**

Geburt, Hochzeit, Tod

Warum verzichten manche Menschen auf bestimmte Lebensmittel?

**KV 17,
S. 37**

Der Glaube hat für manche Menschen auch Auswirkungen auf ihren Speiseplan: Sie beachten religiöse Speisevorschriften oder halten sich an gebotene Fastentage (siehe KV 19 Fastenzeiten). Diese Praxis macht sichtbar, dass Glauben nicht eine rein geistige Tätigkeit ist, sondern auch die leibliche Dimension beinhaltet. In einer multireligiösen Gesellschaft kann man bei diesem Thema schnell in ein Fettnäpfchen treten oder einen Konflikt auslösen. Deshalb ist es besonders wichtig, dass Schüler sich der Existenz von Speisevorschriften bewusst und diesen gegenüber tolerant sind.
Tipp Aufgabe 2: Diese Aufgabe sollen die Schüler zusammen oder als Hausaufgabe lösen (im Internet recherchieren oder Mitschüler befragen, die einer anderen Religion angehören). Vertiefung: Die Begründungen der Vorschriften.

Aufgabe 1   **Gründe für Verzicht**

Sie sind allergisch, wollen abnehmen, ihnen schmeckt etwas nicht, religiöse Gründe.

Aufgabe 2 Grafik

Individuelle Lösungen (z. B. „Die Grafik zeigt, welche Speisen für welche Religionen tabu sind. Muslime und Juden verzichten auf Schweinefleisch, Hindus auf Rindfleisch, bei Christen wird an manchen Tagen auf Fleisch verzichtet und nur Fisch gegessen. Für Buddhisten gibt es keine besonderen Speisevorschriften.")

Aufgabe 3 Kosher und halal

Kosher = „den jüdischen Speisegesetzen entsprechend"/halal = „alle Speisen, die nach muslimischem Recht erlaubt sind", Fleisch von Tieren, die nach den Vorschriften der jüdischen Religion geschlachtet wurden

Aufgabe 4 Wer darf was essen?

	Christen	Muslime	Juden	Buddhisten	Hindus
3-Minuten-Ei	X	X	Kommt darauf an*	X	X
Schweinebraten	X		Kommt darauf an*		
Schokoladenkuchen	X	X	Kommt darauf an*	X	X
Döner Kebab	X	X			
Tee mit Honig	X	X	X	X	X

* Je nachdem, ob die Speise koscher zubereitet wurde.

Religiöse Speisevorschriften einhalten

KV 18,
S. 38

Für einen Gläubigen, der die Speisevorschriften seiner Religion einhalten möchte, kann der Alltag herausfordernd sein: z. B. gerade dann, wenn er irgendwo zum Essen eingeladen ist oder in einem Restaurant isst, muss er sich vergewissern, was und wie gekocht wurde. Die heutige Technik hat dies einfacher gemacht, da z. B. Apps auf einen Klick die notwendigen Informationen liefern oder zeigen, wo sich geeignete Restaurants befinden. Diese Beispiele zeigen eindrücklich, wie auch in der Religion die Technik Einzug gehalten hat. Sie können das Thema vertiefen, indem Sie mit Ihren Schülern die beiden erwähnten Apps installieren und testen – oder die Schüler testen die Apps als Hausaufgabe und schreiben einen „Test-Bericht". Die Apps können in den App-Stores gefunden werden oder u. a. via http://iskosher.com.

Aufgabe 1 Speisegesetze

Wenn der Gläubige nicht selbst kocht, muss er sich informieren, was und wie gekocht wurde. Es ist unter Umständen nicht so einfach, spontan irgendwo essen zu gehen oder etwas zu kaufen. Eventuell nimmt man den Snack gleich selbst mit, damit man weiß, dass er den eigenen Vorschriften entspricht. Schule: Entspricht das Essen in der Schulkantine meinen Vorschriften? Darf ich die Gummibärchen essen, die mir meine Kollegin in der Pause anbietet? Und so weiter.

Aufgabe 2 **Apps und Logos**

Die Apps ermöglichen es, im Supermarkt ein Produkt zu scannen und herauszufinden, ob das Produkt den Vorschriften entspricht. Sowohl Apps als auch Logos machen sichtbar, für wen das Produkt geeignet ist.

Aufgabe 3 **Warum Apps und Logos?**

Sie erleichtern das Leben der Gläubigen. Diese wissen sehr schnell, ob das Produkt für sie geeignet ist.

Fastenzeiten

KV19, S. 39

> Alle Weltreligionen kennen den Brauch des Fastens. Bei manchen Religionen gibt es fixe Zeiten im Jahreskreis (Christentum, Islam, Judentum ...), bei anderen legen die Gläubigen den Zeitpunkt der Fastenzeit individuell fest (Buddhismus). Deshalb lohnt sich hier (wie beim Thema Gebet) der direkte Vergleich der Religionen besonders. Was ist Sinn und Zweck dieser Fastenzeiten? Und welche Aspekte betont die jeweilige Religion? Am Schluss der Auseinandersetzung sollen die Jugendlichen die Bedeutung des Fastens für die Gegenwart erfahren.

Aufgabe 1 **Auswirkungen des Fastens**

Individuelle Lösungen (u. a.: man lernt etwas mehr zu schätzen, man konsumiert es hinterher bewusster)

Aufgabe 2 **Zuordnung Religion**

Lea: Christentum / Berat: Islam / Sara: Judentum

Aufgabe 3 **Gründe fürs Fasten**

Lea: Abhängigkeiten bewusst machen / Berat: Gott nahe sein / Sara: Dankbarkeit gegenüber Gott

Aufgabe 4 **Fasten heute**

Die Menschen in Westeuropa leben in einer Zeit des Überflusses: Man hat so viel und will doch immer mehr. Man hat nie genug. Sich wieder neu beschränken lernen und herausfinden: Man braucht gar nicht so viel. Weniger ist mehr. Bewusster konsumieren.

Kippa, Kopftuch, Kutten – religiöse Kleidungsvorschriften

KV20, S. 40

> In einer multikulturellen Gesellschaft wird man regelmäßig mit den verschiedenen Kleidungsvorschriften der Weltreligionen konfrontiert: Musliminnen, die ein Kopftuch oder sogar eine Burka tragen, Juden, die ihren Kopf mit einer Kippa bedecken, christliche oder buddhistische Ordensleute, die sich in einfache Kutten hüllen. Diese Beispiele sorgen immer wieder für Diskussionen. Die Schüler erfahren, warum die Gläubigen diese Kleidungsstücke tragen, und versuchen, Toleranz dafür zu entwickeln.

Aufgabe 1 **Bildbetrachtung**

Gemeinsamkeiten: Bei allen handelt es sich um eine Art „Uniform", die auf etwas hinweist; man weiß sofort, mit wem man es zu tun hat. Man weiß, zu welcher Gruppe/Religion die Personen gehören. Es fällt auf.

Aufgabe 2 **Gründe für Kleidung**

Weil ihnen der Glaube wichtig ist und sie dies sichtbar machen wollen. Weil sie sich aufgrund der Vorschriften der eigenen Religion dazu verpflichtet fühlen. Weil evtl. ihre Familie oder andere Gläubige das wünschen. Weil es ein Gemeinschaftsgefühl erzeugt („Wir sind alle gleich gekleidet").

Aufgabe 3 **Im Alltag**

Der Glaube ist ständig Teil des Alltags. Jeder weiß sofort, welcher Religion die Gläubigen angehören bzw. dass ihnen der Glaube wichtig ist. Chancen: Sie müssen nicht erklären, dass sie religiös sind und welcher Religion sie angehören, evtl. bekommen sie sogar Respekt wegen ihres Mutes zum religiösen Bekenntnis/Herausforderungen: Menschen begegnen ihnen evtl. mit negativen Vorurteilen, lassen sich abschrecken, pauschalisieren usw.

Aufgabe 4 **Dialog**

Individuelle Lösungen (z.B. Frau mit Kopftuch/Mann mit Kippa: „Jeder soll doch so rumlaufen, wie es für ihn passt. Ich kritisiere auch niemanden, weil er zerrissene Jeans oder einen Minirock trägt. Warum sind Sie nicht einfach etwas toleranter?", Kritikerin: „Sie wollen doch mit Ihrem Kopftuch, Ihrer Kippa nur provozieren! Oder warum tragen Sie sie denn sonst? Ich finde, Religion ist Privatsache und gehört nicht in die Öffentlichkeit. Und sowieso: Haben Sie sich wirklich freiwillig für Kopftuch oder Kippa entschieden? Sie machen das ja nur, weil sie von anderen Menschen Ihrer Religionsgemeinschaft dazu gezwungen werden.")

Die „Goldene Regel" und die Nächstenliebe

KV 21,
S. 41

Alle Weltreligionen berufen sich auf die „Goldene Regel" und lehren sie als eine zentrale ethische Verhaltensregel (z.B. im Christentum bringt sie die von Jesus praktizierte und gelehrte Nächstenliebe zum Ausdruck). In ihr steckt ein Potential für eine friedliche und respektvolle Gesellschaft – gerade deshalb ist sie aktuell wie nie zuvor. Die Regel gilt universal und lässt sich auf alle Lebensbereiche anwenden, also auch auf den Umgang der Religionen mit Anders- und Nichtgläubigen. Die Schüler entwickeln Ideen, wie dies konkret aussehen könnte.

Aufgabe 1 **Die „Goldene Regel"**

Individuelle Lösungen (z.B. universal, weltweit, unbestritten, allgemeingültig, unbeschränkt)

Aufgabe 2 **Mindmap**

Individuelle Lösungen, z.B.

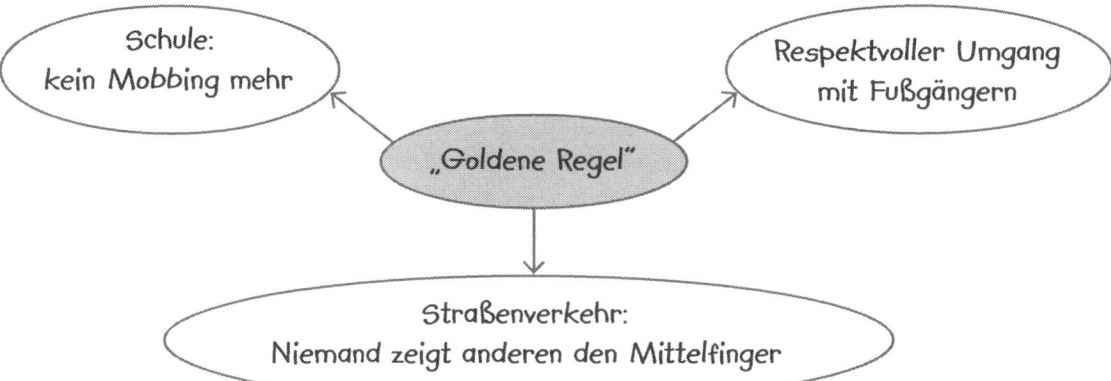

Aufgabe 3 **Do- und Don't-Liste**

„Do-Liste" (Bitte!): sich um Austausch und Dialog zwischen Religionen bemühen, anderen Religionen mit Respekt begegnen, Gemeinsamkeiten suchen/*„Don't-Liste"* (Bitte nicht!): sich als einzig richtige Religion aufspielen, anderen einen falschen Glauben vorwerfen, anderen mit Spott begegnen usw.

Aufgabe 4 **Brief oder Rap**

Individuelle Lösungen (z.B.: „Helft gemeinsam allen, die jetzt im Winter draußen frieren, damit sie nicht ihr Leben verlieren" usw.)

Abrahamitische Religionen

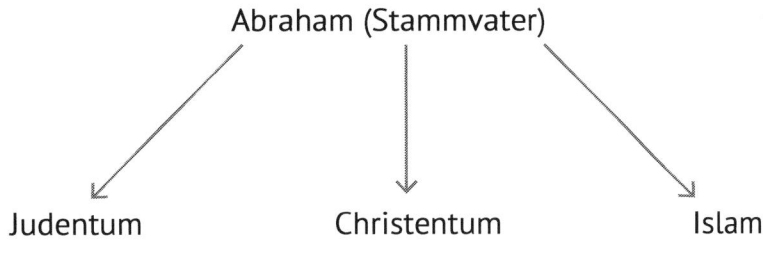

Abraham (Stammvater)

Judentum   Christentum   Islam

> Das Judentum, das Christentum und den Islam könnte man eigentlich auch als Geschwister bezeichnen.

Was haben die abrahamitischen Religionen gemeinsam?

- ☐ Sie glauben alle an einen Gott.
- ☐ Für sie ist die Bibel die Glaubensgrundlage.
- ☐ Die Erzählungen von Abraham gelten für alle Religionen und sind in deren heiligen Schriften zu finden.
- ☐ Für alle ist Abraham ein wichtiger Heiliger.
- ☐ Alle glauben an einen allmächtigen und allwissenden Gott.
- ☐ Alle drei Religionen sind gleich alt.

Fragen an Abraham:

1. Betrachte die Grafik und lies das Zitat. Was bringt es zum Ausdruck?

2. Kreuze alle Aussagen an, die stimmen.

3. Was würde Abraham sagen, wenn man ihn heute zum Verhältnis der Religionen untereinander befragen würde? Verfasst ein Interview. Schreibt zuerst Fragen auf und führt dann das Interview zu zweit durch.

4. Wie könnte man mit dem Stammvater Abraham für mehr Toleranz unter den Religionen werben? Überlegt euch Werbeslogans oder gestaltet Werbeplakate.

Autor: Stephan Sigg – Meine Religion + deine Religion | 978-3-589-15540-8

Kirche, Moschee, Synagoge und Tempel

1. Betrachtet alle Bilder. Gibt es trotz der vielen Unterschiede auch Gemeinsamkeiten zwischen den religiösen Gebäuden?

2. Dies sind nur vier Beispiele. Manche Moscheen, Kirchen, Tempel und Synagogen sehen ganz anders aus. Sucht im Internet weitere Beispiele. Schreibt auf, was für alle typisch ist.

Ein Rundgang durch Kirchen und Synagogen

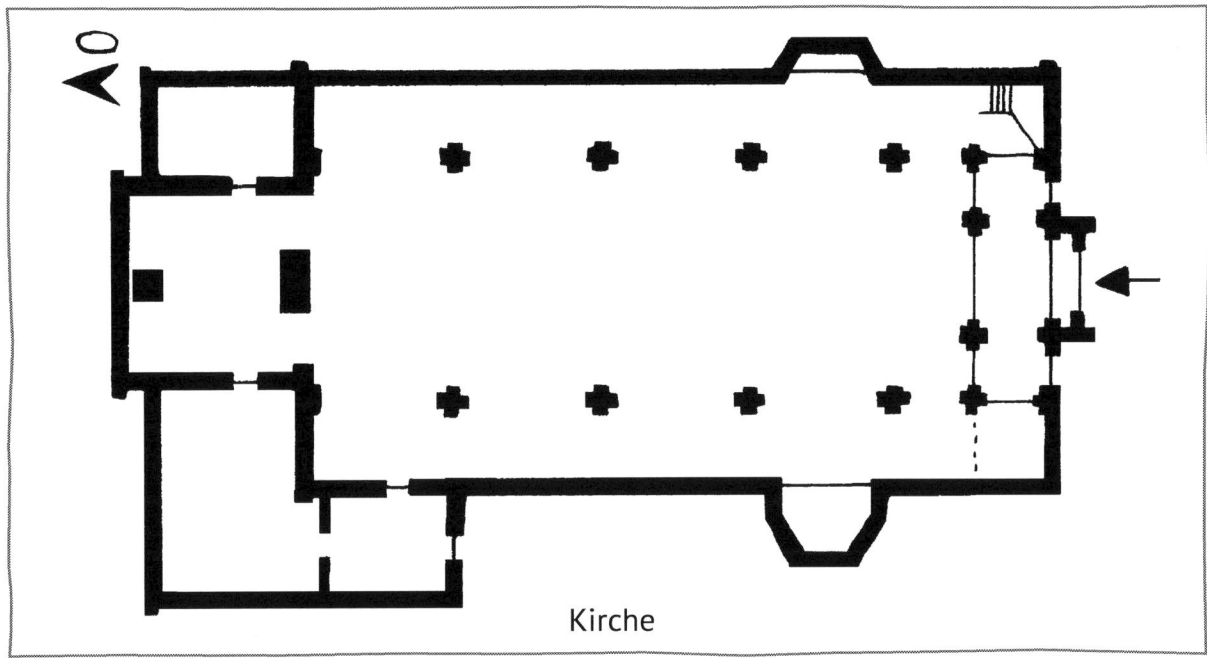

Kirche

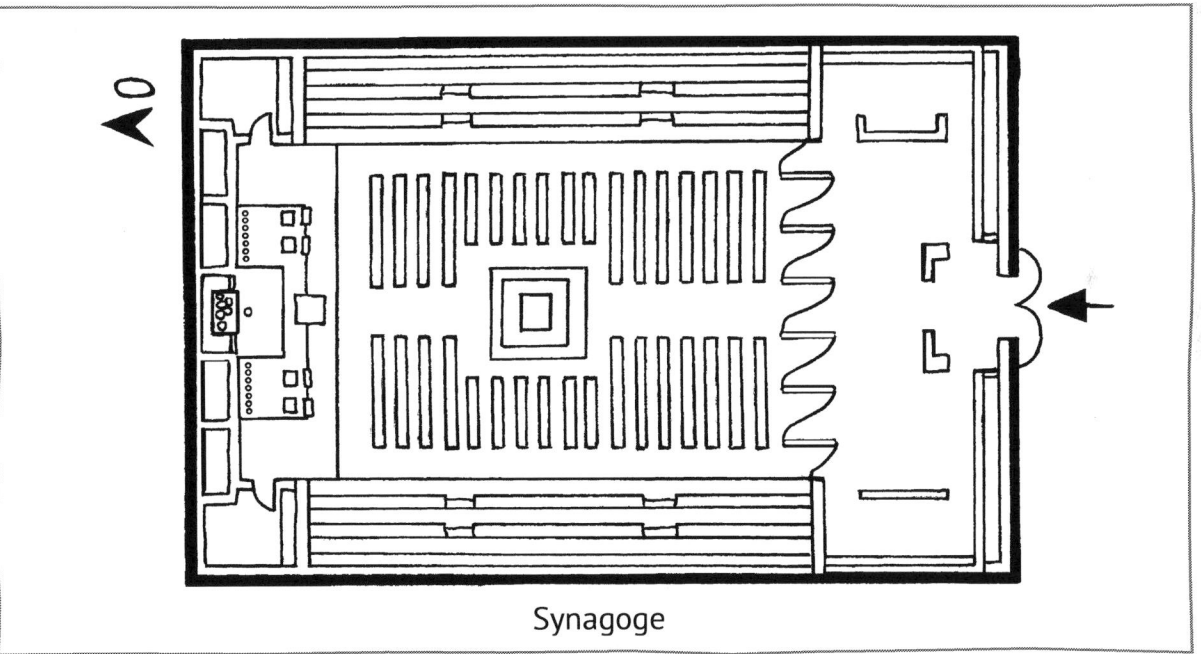

Synagoge

1. Betrachtet die beiden Abbildungen. Was fällt euch auf?

2. Welche Gemeinsamkeiten zwischen Kirche und Synagoge könnt ihr erkennen?

3. Sucht im Internet Fotos einer Kirche und einer Synagoge und verfasst eine „Beschreibung für eine Besichtigung".

4. Welche Kirchen und Synagogen gefallen euch am besten? Sucht im Internet Bilder und begründet eure Wahl. Stellt eure Ergebnisse der Klasse vor.

Autor: Stephan Sigg – Meine Religion + deine Religion | 978-3-589-15540-8 · Illustratorin: Dorina Tessmann

Ein Rundgang durch Moscheen und Tempel

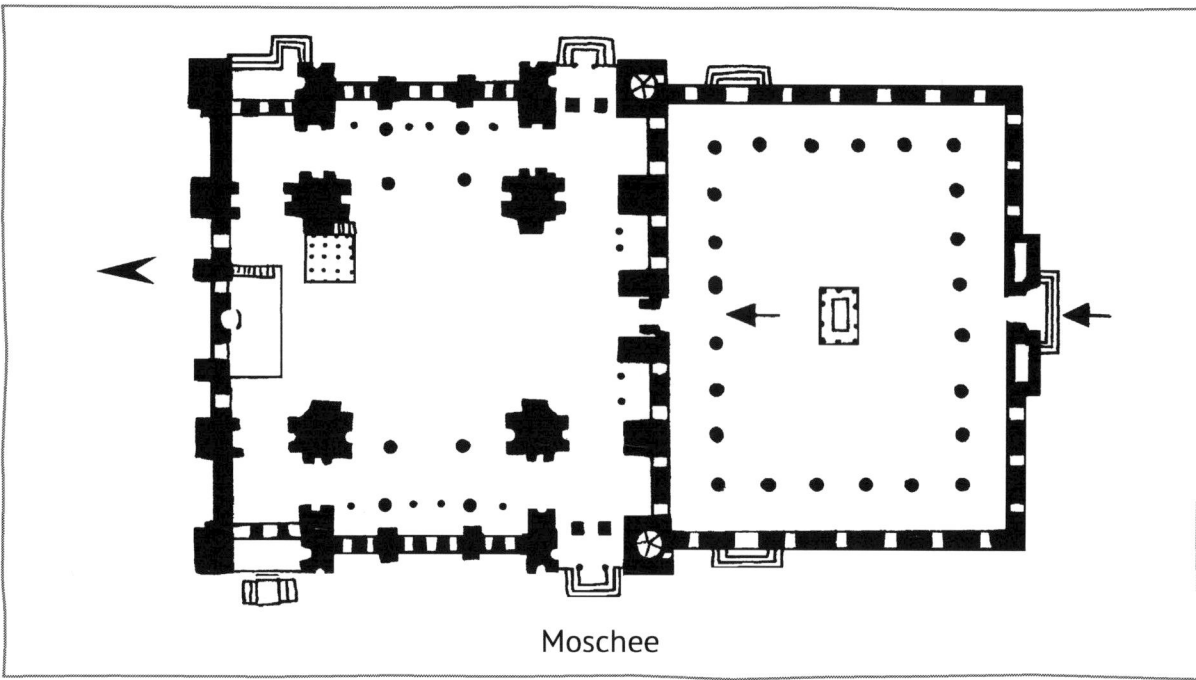

Moschee

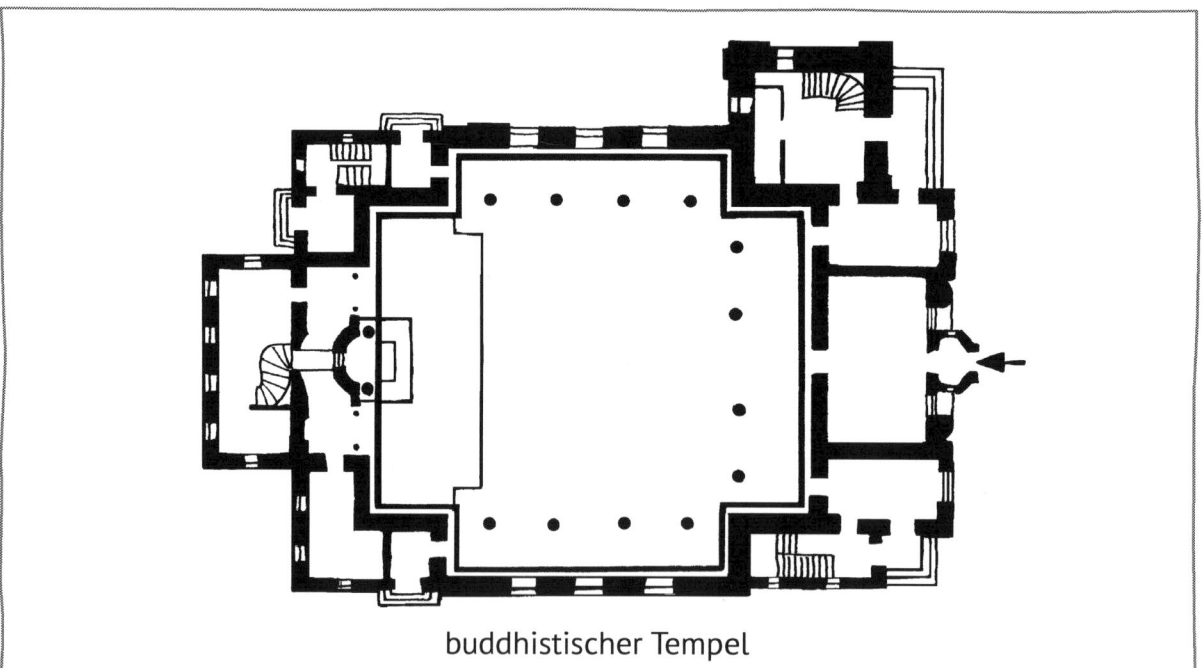

buddhistischer Tempel

1. Betrachtet die beiden Abbildungen. Was fällt euch auf?

2. Gibt es Gemeinsamkeiten zwischen einer Moschee und einem buddhistischen Tempel?

3. Welche Moscheen und Tempel gefallen euch am besten? Sucht im Internet Bilder und begründet eure Wahl. Stellt eure Ergebnisse der Klasse vor.

Autor: Stephan Sigg – Meine Religion + deine Religion | 978-3-589-15540-8 · Illustratorin: Dorina Tessmann

Die wichtigsten Orte der Religionen

Jerusalem

Mekka

Rom

Ganges

„Mein Wohnort"

Lumbini (Nepal)

Steckbrief Stadt: _____

▷ Für welche Religion wichtig? _____

▷ Welche Bedeutung? Was ist dort passiert? _____

_____

▷ Sehenswürdigkeiten? _____

_____

▷ Welche heiligen Stätten gibt es dort? _____

_____

▷ Wie viele Einwohner? _____

1. Schneidet die Orte aus. Wie weit entfernt voneinander liegen sie in Wirklichkeit? Legt sie in richtigem Maßstab nebeneinander (einen Ort, der weit weg ist, möglichst weit legen usw.). Schaut in einem Atlas oder im Internet nach, ob euer Bild stimmt.

2. Bildet Kleingruppen. Jede Gruppe recherchiert zu einem der genannten Orte. Füllt den Steckbrief aus. Anschließend stellen die Gruppen einander ihre Ergebnisse vor.

3. Warum sind die Orte für die jeweiligen Religionen von großer Bedeutung?

4. Was kann man anhand dieser Orte über die jeweiligen Religionen erfahren?

Autor: Stephan Sigg – Meine Religion + deine Religion | 978-3-589-15540-8

Rituale für Jugendliche:
Firmung, Konfirmation, Bar-Mizwa

 1. Betrachtet die Emojis. Welche typischen Beispiele aus eurem Alltag machen sie sichtbar? Schreibt unter das jeweilige Emoji.

„Viel zu wenig Schlaf! Warum muss die Schule immer so früh beginnen?"

 2. Warum ist die Pubertät für viele Jugendliche – und auch die Eltern – eine herausfordernde Zeit?

Firmung/Konfirmation	**Bar-Mizwa/Bat-Mizwa**
In der katholischen Kirche werden Jugendliche gefirmt. Das Fest hängt eng mit der Taufe zusammen: Die Jugendlichen entscheiden sich nun selbstständig für ein Leben mit Gott. Bei der Firmung wird darum gebeten, dass Gott die Jugendlichen mit seinem Heiligen Geist begleitet. In der evangelischen Kirche gibt es ein ähnliches Fest: Es heißt Konfirmation.	Wenn jüdische Kinder dreizehn Jahre alt sind, feiern sie Bar-Mizwa bzw. Bat-Mizwa. Die Jugendlichen müssen dabei einen Abschnitt aus der Tora vortragen. Mit dieser Feier werden sie in die Gemeinde aufgenommen, sie erhalten ihre religiöse Mündigkeit, sie gelten als erwachsen.

 3. Warum ist die Feier der Firmung, Konfirmation bzw. Bar-Mizwa/Bat-Mizwa für die Jugendlichen und ihre Familien ein wichtiges Ereignis?

4. Kennst du weitere religiöse Rituale, die in anderen wichtigen Lebensabschnitten gefeiert werden?

Autor: Stephan Sigg – Meine Religion + deine Religion | 978-3-589-15540-8 · Illustratorin: Dorina Tessmann

Warum verzichten manche Menschen auf bestimmte Lebensmittel?

▷ Buddhisten: Sie verzichten auf Fleisch, weil sie das Gebot, fühlenden Wesen nicht zu schaden, ernst nehmen.

▷ Hindus: In ihrem Glauben sind Kühe heilige Tiere, in denen 330 Millionen Gottheiten wohnen. Wer ein Rind verletzt oder tötet, wird bestraft.

▷ Muslime: Nach ihrem Glauben darf kein Schweinefleisch gegessen werden, da es als „unrein" gilt. Es darf nur Fleisch gegessen werden, dass „halal" („geeignet zum Verzehr" und „rein") ist. „Halal" sind Tiere, die geschächtet (rituell geschlachtet) wurden, bei dieser Art des Schlachtens blutet das Tier möglichst vollständig aus.

▷ Christen: Sie verzichten in der Fastenzeit und an bestimmten Feiertagen (z.B. am Aschermittwoch oder Karfreitag) auf Fleisch und andere Speisen.

▷ Juden: Sie dürfen aufgrund ihres Glaubens Milch und Fleisch nicht in der gleichen Küche zubereiten und auch nur Speisen essen, bei denen dies beachtet wurde. Sie essen nur Säugetiere mit gespaltenem Huf, die wiederkäuen. Die Tiere müssen ausbluten, nachdem sie geschlachtet wurden – koscheres Fleisch gilt deshalb als halal.

	Christen	Muslime	Juden	Buddhisten	Hindus
3-Minuten-Ei					
Schweinebraten					
Schokoladenkuchen					
Döner Kebab					
Tee mit Honig					

1. Manche Menschen verzichten auf bestimmte Lebensmittel. Zählt mögliche Gründe auf.

2. Erklärt die Grafik oben und verfasst eine möglichst exakte Beschreibung.

3. Was bedeutet kosher? Was bedeutet halal?

4. Wer darf was essen? Kreuzt in der Tabelle an.

Autor: Stephan Sigg – Meine Religion + deine Religion | 978-3-589-15540-8 · Illustratorin: Dorina Tessmann

Religiöse Speisevorschriften einhalten

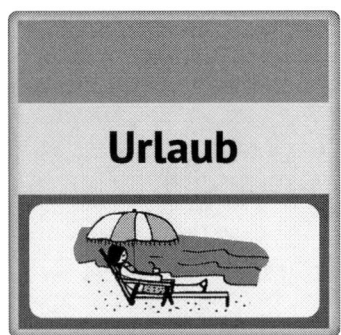

stock.adobe.com/amrami

Shutterstock.com/Lukasz Stefanski

„Kosher GPS" – Mit dieser App wissen Sie als jüdischer Tourist in den USA oder in Kanada auf einen Klick, wo das nächste koschere Restaurant zu finden ist.

„Koscher-App" – Mit der SIG App für das iPhone können Sie jederzeit Informationen über Standorte von koscheren Restaurants, Hotels oder Geschäften in Ihrer Umgebung abrufen.

1. Mit welchen Herausforderungen ist ein Gläubiger konfrontiert, der die religiösen Speisegesetze einhalten möchte? Sucht Beispiele für die verschiedenen Alltagsbereiche.

2. Was ist der Zusammenhang zwischen den Apps und den beiden Logos?

3. Warum braucht es solche Logos und Apps?

Autor: Stephan Sigg – Meine Religion + deine Religion I 978-3-589-15540-8 · Illustratorin: Dorina Tessmann

Fastenzeiten

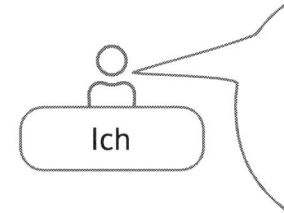

Ich

Lea, 15

Von Aschermittwoch bis Ostersonntag verzichte ich auf YouTube-Videos. Das habe ich noch nie gemacht. Und es fällt mir ganz schön schwer! In der Fastenzeit soll man ja auf etwas verzichten, ohne das man fast nicht kann. Es wird einem deutlich, wie abhängig man von manchen Dingen ist.

Berat, 16

Während des Ramadan verzichten wir von Sonnen- aufgang bis Sonnenuntergang auf Nahrungsmittel. Erst wenn es dunkel ist, dürfen wir essen. Durch den Ramadan wollen wir Gott wieder näherkommen.

Sara, 17

Wir kennen verschiedene Fastenzeiten: Zum Beispiel fasten wir am Tag Tischa beAv zur Erinnerung an den Tempel in Jerusalem aus Trauer. Vier Tage vor Pessach fasten viele Erstgeborene aus Dankbarkeit, dass sie nicht wie die anderen Erstgeborenen vor 2 000 Jahren getötet wurden.

1. Was passiert, wenn man freiwillig längere Zeit auf etwas verzichtet? Tauscht eure Erfahrungen aus.

2. Welchen Religionen gehören die drei Jugendlichen an? Ordnet zu.

3. Warum fasten die Jugendlichen? Streicht ihre Gründe in den Sprechblasen an.

4. Die Tradition des Fastens ist uralt und trotzdem passt sie gut in die heutige Zeit. Sucht Erklärungen dafür und belegt sie mit Beispielen.

Autor: Stephan Sigg – Meine Religion + deine Religion | 978-3-589-15540-8

Kippa, Kopftuch, Kutten – religiöse Kleidungsstücke

Kippa: Viele Juden tragen diese Kopfbedeckung aus Respekt vor Gott.

Kopftuch: Viele muslimische Frauen bedecken ihre Haare.

Kutte: Katholische Nonnen und Mönche tragen einfache Kutten, um nicht durch das Äußere vom Wesentlichen abzulenken.

Ein Gläubiger, der die religiösen Vorschriften beachtet

Kritiker von religiösen Kleidungsvorschriften

1. Betrachtet die Bilder. Was haben die Beispiele gemeinsam?

2. Warum ist es manchen Gläubigen wichtig, besondere Kleidungsstücke zu tragen?

3. Wie erleben solche Gläubige den Alltag? Was sind die Chancen, die Herausforderungen?

4. Die Diskussion um Kopftuch, Kippa usw. sorgt immer wieder für Konflikte. Schreibt einen Dialog auf zwischen einer Person, die ein Kopftuch, eine Kippa oder eine Mönchskutte trägt, und einem Kritiker. Nutzt die Sprechblasen.

KV 20

Die „Goldene Regel" und die Nächstenliebe

Judentum, Christentum, Islam, Buddhismus und auch Hinduismus kennen die „Goldene Regel".

> *„Tue nicht anderen, was du nicht willst, dass sie dir tun."*

Christen orientieren sich an Jesus und seinen Geboten: Er hat die Menschen aufgefordert, barmherzig mit ihm zu sein. Sein bekanntestes Beispiel ist die Erzählung vom „Barmherziger Samariter". Darin geht es darum, dass jemand einem Verletzten hilft, obwohl der nicht der gleichen Nationalität angehört.

Kern des **Buddhismus** ist es, allen Lebewesen mit Liebe zu begegnen und sich darum zu bemühen, das Leid auf der Welt zu verringern.

Wohltätigkeit ist eine der fünf Säulen des **Islams**, also eine wesentliche Aufgabe.

In **jüdischen** Schriften werden die Gläubigen aufgerufen, den Nächsten zu respektieren und zu lieben.

1. Sieben Religionen lehren die „Goldene Regel". Wie könnte man diese beschreiben? Sucht entsprechende Adjektive/Beschreibungen und schreibt sie rund um das Kästchen mit der „Goldenen Regel".

2. Wie wäre unsere Welt, wenn alle die „Goldene Regel" ernst nehmen würden? Erstellt eine Mindmap mit Beispielen aus den verschiedensten Alltagsbereichen.

3. Warum ist die „Goldene Regel" auch eine wichtige Grundhaltung für das Verhältnis zwischen den Religionen? Erstellt eine „Do"-Liste (Bitte!) und eine „Don't-Liste" (Bitte nicht!).

4. Wie könnten die Religionen miteinander die Nächstenliebe konkret umsetzen? Wo und wie wäre ihr Engagement heute besonders notwendig? Schreibt einen Brief oder einen Rap, der sich an die Verantwortlichen aller Religionen richtet.

Autor: Stephan Sigg – Meine Religion + deine Religion | 978-3-589-15540-8

Wie der interreligiöse Dialog gelingt

Hinweise für Lehrkräfte

In den Religionen steckt viel Potential für eine friedliche und tolerante Welt. Die Materialien im dritten Teil dieses Heftes zeigen erfolgreiche Beispiele für den interreligiösen Dialog und vermitteln Schülern, wie Konflikte zwischen verschiedenen Religionen vermieden werden können.

Wenn die anderen einen anderen Glauben haben

**KV 22,
S. 48**

> Auch wenn die multireligiöse Gesellschaft schon lange Realität ist, fehlt vielen die Sensibilität im Umgang mit Anders- oder Nichtgläubigen. Konflikte zwischen Religionen entstehen oft wegen Vorurteilen, mangelnden Austauschs, aber auch durch die Abwertung anderer Glaubensauffassungen. Einige der Zitate auf dem Arbeitsblatt haben die Schüler vielleicht selbst schon einmal ähnlich formuliert oder gehört. Sie sollen die Schüler anregen, sich die Problematik solcher abwertenden, verletzenden Aussagen bewusst zu machen und verschiedene Reaktionsmöglichkeiten auf solche Zitate auszuprobieren.

Aufgabe 1 **Aussagen bewerten**

Sie werten den anderen ab, unterstellen ihm, falsch zu liegen. Sie sind zum Teil beleidigend und verletzend, sie machen sich lustig. Bei den meisten handelt es sich um Pauschalisierungen („Alle sind ...").

Aufgabe 2 **Verhaltensempfehlungen**

Individuelle Lösungen (wichtig: Schüler sollen verschiedene Varianten ausprobieren und jede Variante auswerten, z. B. Antwort auf Aussage 1: „Woher weißt du das? Warum bist du dir da so sicher?", „Das hört sich für mich wie eine Drohung an.")

Aufgabe 3 **Tipps zur Vermeidung**

Das Wichtigste: Respekt und Toleranz! Jeder darf das glauben, was für ihn stimmt. Auf Unterstellungen, Vorwürfe usw. verzichten. Besser: nachfragen, um zu überprüfen, ob das eigene Vorurteil stimmt, differenzieren („Es gibt ein paar, die ..., aber nicht alle"), immer wieder das Gespräch suchen; Unterschiede zwischen Religionen nicht als Konkurrenz sehen bzw. Angst haben oder sich verunsichern lassen, weil manche etwas anderes oder nichts glauben (es ist kein Problem, dass es andere Religionen gibt ...).

Andere Religionen kennenlernen: Wie geht das?

**KV 23,
S. 49**

Obwohl heute in fast jeder Klasse, in fast jedem Verein Angehörige der verschiedensten Religionen zu finden sind, unternehmen die meisten immer noch zu wenig, um andere Religionen kennenzulernen. Und wenn es geschieht, dann nur in der Theorie (z. B. Internetrecherche, Lektüre). Dieses Arbeitsblatt möchte Schüler motivieren, Religionen in konkreten Begegnungen und Gesprächen kennenzulernen und auch anderen Menschen (Anders- und Nichtgläubigen) Zugänge zu ihrer eigenen Religion zu eröffnen.

Aufgabe 1 **Aussagen**

Individuelle Lösungen

Aufgabe 2 **Tagebuch**

Individuelle Lösungen (wichtig bei leistungsschwachen Klassen: zunächst in Erinnerung rufen, wo und wie die Schüler bereits mit anderen Religionen konfrontiert wurden!)

Aufgabe 3 **Traumtagebuch**

Individuelle Lösungen

FC der Weltreligionen

**KV 24,
S. 50**

Im ganzen deutschsprachigen Raum gibt es mittlerweile interreligiöse Fußballprojekte: Es steht nicht der Sport, sondern das gemeinsame Spiel im Vordergrund. Indem die Mannschaften miteinander spielen, lernen sie sich besser kennen. Die Projekte sollen helfen, Vorurteile abzubauen, und zeigen: „Auch wenn jemand einer anderen Religion angehört, ist er ein Mensch wie du und ich." Sport und vor allem Fußball interessiert viele Menschen. An diesem Beispiel wird sichtbar, dass es über die Religionsgrenzen hinweg viele Gemeinsamkeiten gibt. Mit diesem Projekt können die Vertreter der Religionen noch etwas anderes sichtbar machen: Religionen setzen sich ein für Frieden und ein respektvolles Miteinander. Wenn die Spieler fair und respektvoll spielen, leben sie dies mit positivem Beispiel vor.

Aufgabe 1 **Spielkommentar**

Individuelle Lösungen (z. B. „Der Rabbiner schnappt sich den Ball, aber der katholische Pfarrer ist ihm auf den Fersen …")

Aufgabe 2 **Ziele des FC Weltreligionen**

Menschen unterschiedlicher Religionen spielen miteinander und lernen sich besser kennen. Die Mannschaft machen den Zuschauern deutlich: Wir verstehen uns und wir halten zusammen!

Aufgabe 3 **Gebet vor Spielbeginn**

Individuelle Lösungen (z. B. „Schütze unsere Mannschaft und lass uns mit dem Fußballspiel sichtbar machen: Religionen können auch friedlich miteinander umgehen.")

Aufgabe 4　**Standpunkte**

Dafür spricht: Die Spieler lernen einander kennen./Dagegen spricht: Es geht hier nur um Sport, religiöse Themen werden kaum bis gar nicht diskutiert. Haben die Spieler überhaupt Zeit, sich mit den Religionen zu beschäftigen, oder wird das während des Spiels total ausgeblendet?

Gemeinsame Projekte

KV 25, S. 51

> Auch wenn sie in den Medien kaum vorkommen, gibt es inzwischen schon einige davon: Projekte, in denen Vertreter oder Gläubige der verschiedenen Religionen miteinander etwas auf die Beine stellen, sich für ein Anliegen einsetzen oder an das Miteinander und die gemeinsame Kraft appellieren. Mit dem Beispiel vom Friedensgebet wird sichtbar, dass sogar die obersten Repräsentanten (Bischöfe, Imame usw.) der Religionen sich um ein Miteinander bemühen und erkannt haben, dass es wichtiger denn je ist, sich gemeinsam für eine friedliche Welt zu engagieren.

Aufgabe 1　**Ziele der Projekte**

Vorurteile gegenüber anderen Religionen abbauen; Kontakte und Austausch zwischen den Religionen verstärken usw.

Aufgabe 2　**Vorbild**

Gemeinsame Projekte, ein Miteinander der Religionen ist möglich, es gibt vieles, das sie verbindet. Wenn die Religionen mehr gemeinsam machen würden, könnten sie die Welt zum Positiven verändern. Es ist wichtig, dass sich sowohl die Verantwortlichen (Papst, Bischöfe ...) als auch die Gläubigen (Jugendliche, Erwachsene ...) dafür starkmachen.

Aufgabe 3　**Projektideen**

Individuelle Lösungen (z. B. eine Sammelaktion für ein Obdachlosenheim, eine Kampagne gegen Vorurteile, ein Straßenfest)

Aufgabe 4　**Journalistenfragen**

Individuelle Lösungen (mögliche Fragen: Warum ist dieses Gebet für Sie wichtig? Worauf möchten Sie aufmerksam machen? Was freut Sie an diesem Gebet? Wofür genau beten Sie?)

Ein Ort für alle: Interreligiöse Räume

**KV 26,
S. 52**

> An vielen Flughäfen, in Krankenhäusern usw. im deutschsprachigen Raum sind heute interreligiöse Räume zu finden. Diese Räume laden ein zur Besinnung und zum Gebet und machen sichtbar, dass die Religionen gemeinsame Bedürfnisse erfüllen. Die Schüler sollen sich die Chancen dieser sakralen Räume bewusstmachen und das Angebot solcher Räume kennenlernen. Vielleicht besteht anschließend die Möglichkeit, einen solchen Ort im Rahmen eines Ausflugs zu besuchen.

Aufgabe 1   **Vergleich**

Es sind Orte, an denen viele Menschen anzutreffen sind. Es sind Orte, an denen Menschen mit existentiellen / herausfordernden Situationen konfrontiert werden (z.B. Krankheit, Angst vorm Fliegen oder der Reise, Angst vor Einsamkeit, vor Prüfungen). Die Orte werden von Menschen mit den verschiedensten Religionen besucht und auch von Menschen, die nichts glauben, aber in einer herausfordernden Situation das Bedürfnis haben, zur Ruhe zu kommen und Kraft zu tanken.

Aufgabe 2   **To-do-Liste**

Die Menschen wollen: zur Ruhe kommen, sich sammeln, beten oder positive Gedanken formulieren, sich für ein paar Minuten hinsetzen, über sich und das Leben nachdenken, etwas betrachten, Geborgenheit erleben usw./Wie muss der Ort sein?: Alle Menschen müssen sich willkommen fühlen, keine Religion darf im Vordergrund stehen, aber trotzdem sollen religiöse Symbole vorhanden sein, die den Menschen bei der Besinnung, beim Gebet helfen oder Ruhe ermöglichen (z.B. Kerzenlicht); der Raum sollte die Menschen an ihre eigenen religiösen Räume erinnern, sodass sie sich wohl und zuhause fühlen.

Aufgabe 3   **Brainstorming**

Individuelle Lösungen (z.B.: MoKiTeSy als Zusammensetzung der Abkürzungen aus Moschee, Kirche, Tempel und Synagoge; Raum der Einkehr, Kraftort, Ruheraum)

Aufgabe 4   **Skizze**

Individuelle Lösungen

Aufgabe 5   **Beschreibung**

Individuelle Lösungen (z.B.: „Herzlich willkommen im Raum der Religionen! Hier sind alle eingeladen: Egal, ob Sie an einen oder mehrere Götter glauben oder gar nicht gläubig sind, sollen Sie sich hier wohlfühlen. Kommen Sie hier zur Ruhe und tanken Sie Kraft. Wenn Sie mögen, dürfen Sie eine Kerze anzünden. Sie können sich auch hinsetzen und die Augen schließen und einfach für ein paar Minuten die Stille genießen ..." oder: „Treten Sie ein, fühlen Sie sich willkommen! Egal, ob Sie Christ, Muslim, Jude ... sind, hier führen alle Wege zusammen ...")

Meine Freundin, mein Freund hat eine andere Religion

KV 27,
S. 53

In diesem Moment wird vielen Jugendlichen oft erst bewusst, dass das Miteinander der Religionen eine Herausforderung sein kann: Ein Jugendlicher verliebt sich in eine Muslimin oder einen Muslim, oder eine Jüdin möchte einen Christen heiraten. Dies kann bei den Familien der beiden Jugendlichen für Konflikte sorgen. Im Islam und im Judentum ist es bis heute nicht erlaubt, jemanden mit einer anderen Religion zu heiraten. Auch im Christentum ist es noch nicht lange her, dass Ehen mit Nicht- oder Andersgläubigen verboten waren. „Spielt doch keine Rolle!", sagen viele in unserer Gesellschaft sehr schnell – und bestimmt auch viele der Schüler. Der Fragebogen soll ihnen deutlich machen, dass Religion Einfluss auf eine Beziehung hat.

Aufgabe 1 **Aussagen zutreffend?**

Individuelle Lösungen

Aufgabe 2 **Unterschiedliche Meinungen begründen**

Individuelle Lösungen

Aufgabe 3 **Hochzeit**

Bei zwei verschiedenen Religionen: Welche Religion soll bei der Feier im Vordergrund stehen bzw. welcher religiöse Ritus wird gefeiert? Soll man eine „interreligiöse" Feier machen – wie soll die genau aussehen? Soll man gleich ganz auf eine religiöse Feier verzichten und nur standesamtlich heiraten? Die Vorstellungen der Kinder und der Eltern gehen oft auseinander (und oft auch die Vorstellungen zwischen den Eltern und deren Familien) – es ist schwierig, allen Erwartungen gerecht zu werden. Selbst wenn beide Partner der gleichen Religion angehören, kann es zu Konflikten kommen, z. B.: Eine Familie ist religiöser als die andere und hat andere Vorstellungen, die Kinder haben andere religiöse Ansichten als ihre Eltern.

Aufgabe 4 **Konflikte verhindern**

Wichtig ist: sich gegenseitig respektieren und offen miteinander sprechen und erklären, warum man eine andere Ansicht/Haltung hat; um gegenseitigen Respekt bitten; einander bewusst machen, dass jeder selbst Verantwortung für sein Leben hat; Kompromisse: z. B. in einer Partnerschaft: dem Partner Raum und Zeit lassen, seine Religion ausüben zu dürfen (z. B. am Sonntagmorgen einen Gottesdienst besuchen), ohne dass man sich lustig macht oder ihm vorwirft, egoistisch zu sein, evtl. sogar mal mitgehen.

Avital, 19 und Jüdin

KV 28,
S. 54

Das Projekt „Interreligiöse Peers" der Initiative Juga (Jung, gläubig und aktiv) bereitet religiöse Jugendliche auf Klassenbesuche vor. Sie sollen den Austausch zwischen den Religionen fördern und Jugendlichen helfen, Vorurteile abzubauen. Das große Plus dabei: Gleichaltrige begegnen Gleichaltrigen – interreligiöser Dialog auf Augenhöhe. Die Jüdin Avital ist eine der Jugendlichen, die sich für das Projekt engagieren. Die Schüler setzen sich mit Avitals Motivation sowie den Zielen des Projektes auseinander.

Aufgabe 1 **Informationen über Avital**

– eine Jüdin/– lebt in Deutschland/– besuchte eine jüdische Schule/– ihr ist ein friedliches Miteinander der Religionen sehr wichtig/– setzt sich ein für den interreligiösen Dialog/ – fühlt sich manchmal wie eine Exotin/

Aufgabe 2 **Projekt**

Jugendliche, die einer Religion angehören, werden ausgebildet, um ihre Religion anderen näherzubringen. Das Ziel ist nicht die Missionierung, sondern Wissen über die Religion zu vermitteln. Alle Jugendlichen sollen andere Religionen besser kennenlernen, Vorurteile und falsches Wissen sollen abgebaut werden.

Aufgabe 3 **Fragen an Avital**

Individuelle Lösungen (z. B.: Was gefällt dir an deiner Religion?)

Kampagne „Wir alle sind Dortmund"

KV 29,
S. 55

> Die Kirchen und Religionsgemeinschaften in der Stadt Dortmund lancierten zusammen mit den Verantwortlichen der Stadt 2015 die Aktion „Wir alle sind Dortmund", die Vorurteile gegenüber Religionen abbauen soll. Diese Aktion steht exemplarisch für zahlreiche andere Projekte, die in Gemeinden, Städten, Bundesländern usw. durchgeführt werden. Das respektvolle und harmonische Zusammenleben und Miteinander der Religionen ist leider keine Selbstverständlichkeit, sondern alle müssen sich dafür einsetzen. Es ist noch viel Sensibilisierungsarbeit notwendig. Die Schüler erkennen die Notwendigkeit dieser Projekte und werden selbst kreativ, indem sie Projektideen für ihre eigene Gemeinde oder Stadt entwickeln. So wird für sie sichtbar: Hier kann und muss jeder aktiv werden – diese Projekte können nicht einfach an andere delegiert werden!

Aufgabe 1 **Botschaft**

ALLE sind Dortmund: Nicht Christen, nicht Muslime usw. sind Dortmund, sondern alle sind gleichberechtigt und machen die Stadt aus.

Aufgabe 2 **Warum solche Kampagnen?**

Das Wissen über andere Religionen ist immer noch zu gering; es gibt zu wenige Begegnungen zwischen den Religionen; oft begegnen Christen, Muslime usw. einander misstrauisch oder gar feindlich. Die Aktion soll zu einem guten Miteinander motivieren und zeigen, dass die Vielfalt Realität ist und trotz Unterschieden ein Miteinander möglich ist.

Aufgabe 3 **Brainstorming**

Individuelle Lösungen

Wenn die anderen einen anderen Glauben haben

> Ihr seid alle auf dem falschen Weg. Wenn ihr nicht auch die Gebote Gottes befolgt, landet ihr im Verderben!

> Alle, die glauben, sind bloß unsicher und suchen deshalb Halt bei Gott.

> Alle Menschen, die glauben, kann man nicht ernst nehmen.

> Alle, die nicht glauben, sind eingebildet und egoistisch. Sie sind so arrogant, dass sie glauben, alles ohne Gott schaffen zu können.

> Anna will sich nicht mehr mit euch abgeben. Eure Lebensweise widerspricht ihren religiösen Vorstellungen.

> Ich bin der viel bessere Gläubige als du. Gott hat an mir viel mehr Freude als an dir. Du begehst zu viele Sünden.

> Beten ist was für Dumme!

> Wir haben den richtigen Glauben, deshalb müssen wir uns gar nicht mit anderen Religionen beschäftigen.

> Mit diesem Kopftuch will sie uns bloß provozieren!

1. Warum sind diese Aussagen problematisch?

2. Wie könnt ihr im Alltag auf solche Aussagen reagieren? Bildet Paare und spielt zu zweit verschiedene Reaktionsmöglichkeiten durch.

3. Wie lassen sich religiöse Konflikte vermeiden? Erstellt eine Liste mit Tipps.

Andere Religionen kennenlernen: Wie geht das?

„Man lernt eine Religion kennen,

wenn man im Internet Informationen über sie sucht."

gar nicht   ein bisschen   total

wenn man Menschen mit anderen Religionen zu ihrem Glauben ausfragt."

gar nicht   ein bisschen   total

wenn man Menschen mit anderen Religionen fragt, ob man ein Fest besuchen darf."

gar nicht   ein bisschen   total

wenn man Menschen mit anderen Religionen zu Festen der eigenen Religion einlädt."

gar nicht   ein bisschen   total

wenn man gemeinsam Projekte durchführt, in denen verschiedene Religionen beteiligt sind."

gar nicht   ein bisschen   total

Tagebuch

Traumtagebuch

1. Mit welchen Aussagen seid ihr einverstanden. Malt die Balken entsprechend aus.

2. Wo habt ihr schon etwas über andere Religionen erfahren oder ihre Bräuche kennengelernt? Schreibt ins Tagebuch.

3. Welche Religionen, welche Bräuche usw. würdet ihr gern besser kennenlernen? Schreibt ins Traumtagebuch.

Autor: Stephan Sigg – Meine Religion + deine Religion | 978-3-589-15540-8

FC der Weltreligionen

Beide Fußballteams wollen gewinnen. Doch es sind zwei außergewöhnliche Teams, die heute gegeneinander spielen: Der FC Weltreligionen spielt gegen FC Stadträte. In der Mannschaft des FC Weltreligionen spielen: ein Rabbiner, ein Imam und mehrere Pfarrer. Allen Spielern ist es wichtig, zu zeigen: Auch wenn man verschiedenen Religionen angehört, kann man zusammenhalten und miteinander für ein gemeinsames Ziel kämpfen. Der FC Weltreligionen wurde vor sechs Jahren gegründet, die Mitspieler sind so begeistert, dass sie sich nun immer wieder zum Fußballspielen treffen.

Spielbeginn	
5 Minuten	
10 Minuten	
15 Minuten	

„Die Spieler lernen sich gegenseitig kennen. Das hilft Vorurteile abzubauen."

„Da geht es doch nur um Fußball."

1. Wie würde ein Spielkommentator im Fernsehen oder online das Spiel kommentieren? Schreibt zu zweit stichwortartig die Kommentare für die ersten 15 Minuten des Spiels auf. Spielt euch gegenseitig die Kommentare vor.

2. Was sind die Ziele des FC Weltreligionen? Lest die Zitate und zählt weitere Beispiele auf.

3. Formuliert ein Gebet, das die Mannschaft zu Spielbeginn miteinander sprechen könnte.

4. Ist ein solches Projekt tatsächlich eine Form des interreligiösen Dialogs? Überlegt euch verschiedene Standpunkte. Begründet eure Meinung.

Autor: Stephan Sigg – Meine Religion + deine Religion | 978-3-589-15540-8

KV 24

Gemeinsame Projekte

Ein Musik-Projekt, das anderen hilft

„BEYOND" nennt sich ein besonderes interreligiöses Musik-Projekt. Es wurde in Zusammenarbeit mit den Musikerinnen Tina Turner (bekannte Rocksängerin), Dechen Shak-Dagsy und Regula Curti umgesetzt. Inspiriert wurden die drei Musikerinnen zu diesem Projekt vom Dalai Lama. Er motiviert die drei Frauen, über die Grenzen der Religionen hinweg die gemeinsamen Werte zu betonen und die heilende Kraft der Musik zu nutzen. Das Trio hat mehrere Alben veröffentlicht, u.a. eines mit dem Titel „Love within". BEYOND ist ein Benefiz Projekt. Die Einnahmen fließen in drei soziale Projekte, darunter eine Nähschule für junge Frauen in Tibet. Mit ihren Liedern wollen die Musikerinnen die Welt zur bedingungslosen Liebe aufrufen.

Ziele: _____

Ein gemeinsames Renovierungsprojekt

Christen und Muslime in Uganda renovieren gemeinsam eine Moschee in einem Dorf: Regen hatte die Moschee beschädigt, sie war stark einsturzgefährdet. Als ein christlicher Krankenpfleger aus den USA das sah, stand für ihn fest: Ich muss helfen. Nicht alle waren begeistert. Manche Muslime waren skeptisch: Warum sollen wir das Geld von Christen annehmen? Er sammelte in den USA bei Christen Spenden. Der Dorfälteste, ein Katholik, ist begeistert: „Dieses Projekt hilft, Christen und Muslime zusammenzubringen."

Ziele: _____

500 Vertreter verschiedener Religionen beten miteinander

Mit einem Gottesdienst startete am Sonntag in Assisi (Italien) das interreligiöse Treffen für den Frieden. Der Bischof von Assisi sagte, dass er für alle Menschen beten möchte – unabhängig davon, wer sie sind. Am Treffen werden rund 500 Vertreter der verschiedenen Glaubensgemeinschaften und tausende Gläubige teilnehmen. Auch der Papst steht hinter diesem Treffen und erachtet es als sehr wichtig: die Welt habe heute den Frieden mehr denn je nötig, es gebe zu viel Krieg auf der Welt. Das Treffen wird am Dienstag zu Ende gehen, zum Abschluss wird auch der Papst dabei sein.

Ziele: _____

1. Lest die drei Beispiele. Welche Ziele verfolgen sie?

2. Was machen diese Beispiele deutlich? Inwiefern sind sie ein Vorbild?

3. Wie könnten Religionen sichtbar machen, dass es auch miteinander statt gegeneinander geht? Überlegt euch Projektideen.

4. Bildet Paare: Einer übernimmt die Rolle eines Journalisten, der andere die eines Teilnehmers beim Friedenstreffen. Jeder schreibt für sich zuerst Fragen auf, danach wechselt ihr die Rollen.

Autor: Stephan Sigg – Meine Religion + deine Religion | 978-3-589-15540-8

Ein Ort für alle: Interreligiöse Räume

Flughäfen

Krankenhäuser

Einkaufszentren

Bahnhöfe

Interreligiöser Raum

Schulen/Universitäten

„Raum der Stille"

To-do-Liste

Raum-Skizze

1. Vergleicht die Orte. Was haben sie gemeinsam?

2. Warum ist es wichtig, dass es dort einen „religiösen" Ort gibt? Warum suchen Menschen diese Räume auf, was möchten sie dort machen? Schreibt in die To-do-Liste.

3. Kapelle, Moschee … Es muss ein neuer Name für diesen interreligiösen Raum gesucht werden. Macht ein Brainstorming. Wie könnte man einen solchen Raum nennen?

4. Entwerft nun zu zweit eine „Skizze". Zeichnet in die Vorlage hinein, was in diesem Raum alles zu finden sein sollte.

5. An den Eingängen der meisten interreligiösen Räume steht eine kurze Info, die das Konzept beschreibt. Verfasst selbst eine Beschreibung für einen solchen interreligiösen Raum.

Autor: Stephan Sigg – Meine Religion + deine Religion | 978-3-589-15540-8

KV 26

 # Meine Freundin, mein Freund hat eine andere Religion

Trifft nicht zu	Trifft einigermaßen zu	Trifft total zu

In einer Beziehung spielt Religion eine Rolle.

In einer Ehe spielt Religion eine Rolle.

Meine Partnerin/mein Partner muss den gleichen Glauben haben wie ich / der gleichen Religion angehören.

Ich möchte einmal kirchlich/mit einem religiösen Ritual heiraten.

Meinen Eltern ist es egal, welchen Glauben meine Partnerin/mein Partner hat, welcher Religion sie/er angehört.

Es kann für eine Beziehung/Ehe spannend und bereichernd sein, wenn die beiden Partner verschiedenen Religionen angehören.

Besser, mein Partner glaubt an etwas, als wenn er absolut allergisch auf Religionen, Gott und Glauben ist.

„Ich kann nicht mit dir zusammen sein. Meine Eltern wären total dagegen, dass ich eine Beziehung zu einer Christin habe und mal eine Christin heiraten möchte!"

 1. Welche Aussagen treffen auf dich zu? Male die Balken entsprechend aus.

2. Vergleicht die Ergebnisse zu zweit: Wo seid ihr unterschiedlicher Meinung? Begründet eure Meinungen.

3. Lies das Zitat. Warum ist die kirchliche/religiöse Hochzeit heute für viele Paare und deren Familien eine Herausforderung?

4. Wie kann man solche Konflikte verhindern? Welche Kompromisse sind denkbar?

Autor: Stephan Sigg – Meine Religion + deine Religion | 978-3-589-15540-8 · Illustratorin: Dorina Tessmann

Avital, 19 und Jüdin

Manchmal fühlt sich Avital Grinberg wie eine Exotin. Wenn sie etwa im Rahmen des Projektes „Interreligiöse Peers" der Initiative Juga (Jung, gläubig und aktiv) Schulklassen besucht und mit den Jugendlichen über Religion spricht. (...) „Ich stehe dann als Jüdin vor den Schülern; meine Kollegin ist entweder Christin, Bahai oder Muslimin, und vor mir sitzen Schüler, die zum größten Teil muslimisch sind – dann muss ich schon hin und wieder einmal innehalten." Avital entwickelt mit den Schülern Ideen zum Thema „Interreligiöse und weltanschauliche Vielfalt und Verständigung".

„Wir reden im Alltag zu wenig über Vorurteile und Probleme", meint die 19-Jährige. Dabei sei es wichtig, Menschen die Möglichkeit zu geben, mehr zu erfahren und sie zu motivieren, „auch das zu hinterfragen, was sie glauben oder wovon sie überzeugt sind", findet sie. (...) Avital und ihre Mitstreiter gehen in die Schulen, um dort in einem mehrstündigen Workshop Vorurteile ab- und Toleranz und Respekt aufzubauen. Sie möchte anderen jungen Menschen eine Möglichkeit geben, „Einblicke in mein jüdisches Leben zu erhalten, denn Menschen kennen nur die Klischees und haben niemals Gegenbeispiele gesehen oder erlebt". Oft werde sie intensiv befragt, ob sie beispielsweise koscher esse, in die Synagoge gehe oder konvertiert sei. Sie will andere dafür sensibilisieren, dass Menschen unterschiedliche Überzeugungen haben können, ohne dass das automatisch etwas Trennendes sein muss. Denn es ist noch gar nicht lange her, da war sie selbst als Schülerin mit Vorurteilen konfrontiert.

(...) In mehreren Workshops haben sich Avital Grinberg und Ljuba Shabaeva sowie weitere 20 junge Muslime, Christen, Juden und Bahai gemeinsam zu „Peer-Trainern für interreligiöse und weltanschauliche Vielfalt und Verständigung" ausbilden lassen. (...) Die Peers sollen Basiswissen zu den verschiedenen Weltreligionen vermitteln und gleichzeitig veranschaulichen, welche Bedeutung ihre Religion für sie ganz persönlich hat. Ferner sollen sie die Schüler (...) dazu anregen, sich mit Vorurteilen und Stereotypen auseinanderzusetzen, und Wege aufzeigen, wie diese überwunden werden können. Immer wichtig sei dabei, die Gemeinsamkeiten unter Menschen verschiedener Religion und Weltanschauungen zu betonen. Zwölf Jahre lang war Ljuba auf jüdischen Schulen, erst besuchte sie die Heinz-Galinski-Grundschule, dann das Jüdische Gymnasium Moses Mendelssohn. „Danach wollte ich mehr über andere Religionen lernen", begründet die BWL-Studentin ihre Motivation. „Als ich von einer Cousine von diesem Projekt erfuhr, war mir klar, dass das etwas für mich ist." Gerade der Umstand, dass die Peers zunächst selbst vieles über die unterschiedlichen Religionen erfahren, fasziniert Ljuba nach wie vor. Sie habe dadurch selbst viel gelernt, vor allem über den Bahaismus. Dabei gehen die Peers immer als Tandem in die Klassen, also mindestens zu zweit. Beide müssen unterschiedlichen Religionen angehören. (...)

(Christine Schmitt: Gemeinsam gegen Vorurteile (gekürzt).
Zit. nach: http://www.juedische-allgemeine.de/article/view/id/23554)

1. Was erfährst du über Avital? Erstelle eine Liste mit möglichst vielen Informationen.

2. Wie funktioniert das Projekt? Welches Ziel verfolgt es?

3. Welche Fragen würdet ihr stellen, wenn Avital zu euch in die Klasse kommen würde? Schreibt sie auf.

Autor: Stephan Sigg – Meine Religion + deine Religion | 978-3-589-15540-8

Kampagne: „Wir alle sind Dortmund"

Schule: _____

_____

_____

Kunst/Kultur/Kino/Theater: _____

_____

_____

Marktplatz: _____

_____

_____

1. Was ist die Botschaft dieses Kampagnen-Plakates aus der Stadt Dortmund? Was will die Kampagne erreichen?

2. Warum braucht es solche Kampagnen?

3. Welche Aktionen für Toleranz gegenüber anderen Religionen und ein besseres Miteinander der Religionen könnte man in eurer Stadt starten? Macht ein gemeinsames Brainstorming für die verschiedenen Orte/Bereiche.

Autor: Stephan Sigg – Meine Religion + deine Religion | 978-3-589-15540-8

Ratgeber und Praxishilfen
Kreative Impulse und konkrete Unterstützung

Lehrwerkunabhängige Materialien, die Sie im pädagogischen Alltag spürbar entlasten:

- **Ratgeber** zu allen aktuellen Themen rund um Ihren Unterrichts- und Schulalltag

- **Fachliteratur** zur Methodik und Didaktik – für angehende sowie für erfahrene Lehrkräfte

- **Methodenbücher**, (Lern-)Spiele und Rätsel- sammlungen – für Ihr Fach sowie fachübergreifend

- **Übungen** zum Wiederholen und Festigen von Inhalten

- **Kopiervorlagen** zu allen gängigen Lehrplanthemen, Kompetenzbereichen und für Vertretungsstunden

Online mehr erfahren:
crnl.sn/unterrichtshilfen